Claude AnShin Thomas

Meditation mitten im Leben

Claude AnShin Thomas

Meditation mitten im Leben

108 Lehren auf dem Zen-Weg

Edition Spuren

Originalausgabe: *Bringing Meditation to Life*

Edition Spuren
Bahnhofplatz 14, CH-8400 Winterthur
edition@spuren.ch www.spuren.ch

Covergestaltung: Hilary Moreno
Übersetzung: Zaltho Sangha e.V. & Wiebke KenShin Andersen
Lektorat & Gestaltung: Martin Frischknecht

Printed in Czech Republic by Graspo a.s.
ISBN 978-3-905752-92-2

Einführung

Seit ich 1994 als Zen-buddhistischer Mönch ordiniert wurde, habe ich das Privileg, die Meditationspraxis zu unterrichten. Seitdem bin ich durch die Vereinigten Staaten von Amerika und um die Welt gereist und biete Anweisungen an, wie ich sie von meinen Lehrer*innen erhalten habe. Dabei vermittle ich die wesentliche Botschaft, dass Meditation und das tägliche Leben nicht zwei voneinander getrennte Dinge sind.

Unsere Praxis beginnt damit – und sie wird beständig dadurch unterstützt –, dass wir formale Sitzmeditation machen, und zwar täglich. Doch unsere Praxis hört damit nicht auf. Wir können Meditation und Atembewusstsein in alles hineinbringen, was wir den Tag durch tun. Wenn wir das tun, blühen unsere Praxis und unser Leben auf.

Wenn ich Vorträge gebe, halte ich einen Teil der Zeit für Fragen und Erwiderungen frei. Ich nenne diesen Austausch nicht «Fragen und Antworten», weil ich, wie ich den Zuhörern stets mitteile, keine Antworten habe. Ich kann nur auf ihre Fragen eingehen, und das tue ich aufgrund meiner eigenen Lebenserfahrung, indem ich meine Sichtweise darüber mitteile, was es bedeutet, ein Leben zu führen, das entschlossen und vollständig in einer disziplinierten spirituellen Praxis und in Selbstreflexion verwurzelt ist.

Die kurzen Texte, aus denen die Kapitel dieses Buches bestehen, sind hauptsächlich aus dieser Art von Austausch heraus entstanden. Einige der Kapitel bestehen aus kurzen Passagen aus meiner Lebensgeschichte *Am Tor zur Hölle – Der Weg eines Soldaten zum Zen-Mönch.* Überdies habe ich einige meiner Lieblingszitate aus der Zen-Literatur in dieses Buch aufgenommen.

Eine tägliche Meditationspraxis errichten

Die Grundlage der Zen-Praxis ist die Sitzmeditation, oder Zazen. Ich ermutige dich, Meditation zu einem festen Bestandteil deines Tagesablaufs zu machen. Wenn du morgens aufstehst, bevor du irgendetwas anderes tust, setze dich für mindestens fünf Minuten hin, ob du möchtest oder nicht.

Es ist hilfreich, wenn auch nicht erforderlich, einen kleinen, einfachen Altar wie folgt herzurichten: Stelle einen Räucherstäbchenhalter in die Mitte zwischen einer Blume links und einer Kerze rechts. Bevor du sitzt, zünde die Kerze an und brenne etwas Räucherwerk ab.

Du kannst auf einem Stuhl, einem Meditationskissen oder auf der Bettkante sitzen. Achte beim Sitzen darauf, dass du in einer soliden, stabilen Haltung sitzt. Es sollte drei Berührungspunkte geben. Wenn du auf einem Meditationskissen oder einer Meditationsbank sitzt, werden die drei Berührungspunkte dein Gesäß und deine Knie sein. Wenn du auf einem Stuhl oder auf der Kante deines Bettes sitzt, sind die drei Punkte dein Gesäß und deine Füße.

Nimm deinen Körper im Raum wahr. Achte darauf, dass deine Ohren in einer Linie mit deinen Schultern sind, deine Nase in einer Linie mit deinem Bauchnabel und dass dein Rücken aufrecht ist, deine Hüften leicht nach vorne geneigt.

Aus dieser aufrechten Haltung heraus verbindest du dich mit deinem Atem, du atmest ein durch deine Nase und atmest aus durch deinen Mund. Während du atmest, achte auf den genauen Punkt, an dem der Atem in den Körper einströmt und dann aus dem Körper ausströmt. Verankere deine Aufmerksamkeit an diesen Punkten.

Beim Einatmen sei dir bewusst, dass dein Atem nicht am Zwerchfell stockt. Du wirst wissen, dass dies geschieht, wenn sich dein Brustkorb ausdehnt und deine Schultern sich heben. Atme beim Einatmen in deinen Bauch. (Du erkennst das daran, dass sich dein Bauch beim Einatmen ausdehnt und beim Ausatmen zusammenzieht.) Folge deinem Atem nicht mental den ganzen Weg durch deinen Körper. Halte deine Aufmerksamkeit verankert an den Punkten des Eintritts und des Austritts des Atems. Atme aber auf jeden Fall tief in den Bauch hinein.

Sitze jeden Tag für mindestens fünf Minuten jeden Morgen und jeden Abend. Jeden Tag beständig zu sitzen, unterstützt dich mehr und nachhaltiger, als sporadisch für längere Zeiträume zu sitzen. Fünf Minuten stehen uns immer zur Verfügung. Wenn wir uns sagen, dass nur längere Zeiträume zählen, wird unser Verstand uns irgendwann dann auch sagen, dass wir diese Zeit eben nicht haben und dass sich die Sache auch auf einen anderen Tag verschieben lässt.

Jetzt ist die Zeit dafür. Sitze als Erstes jeden Morgen für fünf Minuten und abends einfach vor dem Schlafengehen noch einmal.

Eigentlich ist es eine einfache Übung, doch wie schnell bauen wir Widerstand dagegen auf, diesem Programm zu folgen. Aber stelle dir vor, du fühlst dich über einen längeren Zeitraum nicht wohl, und daher entschließt du dich, einen Arzt um Rat zu fragen. Nach der Untersuchung und einigen Tests eröffnet dir der Arzt, dass du einen langsam wachsenden Krebs hast, eine seltene Form, die behandelt werden kann, indem du jeden Tag eine einfache Kur befolgst: Am Morgen, nach dem Aufwachen, zünde eine Kerze an, bringe etwas Räucherwerk dar und sitze fünf Minuten lang still da. Dann, bevor du ins Bett gehst, wiederhole diesen Vorgang. Dies zu tun, wird deine Krankheit stoppen. Denkst du, dass du zögern würdest, dies jeden Tag zu tun? Das ist es, was ich dir anbiete: eine Behandlung, welche die Krankheit des Leidens heilen kann.

Diese Heilung bedeutet jedoch nicht, dass unser Schmerz, unser Unbehagen und unsere innere Unruhe weggehen und sie nie mehr zurückkehren. Es bedeutet einfach, dass wir die Möglichkeit haben, eine bewusstere und ehrlichere Beziehung zu unserem Leiden zu entwickeln, so dass wir, wenn unser Leiden uns auf all seinen vielen Wegen heimsucht, wie es eben so geschehen kann, nicht vom Leiden kontrolliert werden. Dies ist der Weg der Praxis, der Heilung und der Transformation.

1

Meditation ist eine Lebensweise

Meditation ist nicht nur etwas, das wir tun, während wir auf einem Kissen oder in einem Meditationsraum sitzen, es ist eine Lebensweise. Die Praxis der Meditation kann bei uns sein und uns in allen Dingen und in jedem Moment unterstützen wie eine Schwimmweste, die uns vor dem Ertrinken bewahrt. Ohne sie werden wir im Meer von Samsara versinken, dem Meer unserer Verwirrung und unseres Leidens.

Indem wir ein Leben führen, das verwurzelt ist in der Meditation, haben wir die Möglichkeit, sich wiederholende Muster des Leidens zu erkennen und eine bewusstere Beziehung zu diesen Mustern aufzubauen, so dass sie uns nicht länger kontrollieren. Durch diesen Prozess und indem wir ein Leben führen, das verwurzelt ist in einer disziplinierten, entschlossenen Meditationspraxis, haben wir die Möglichkeit, endlich das Wunder des Lebendigseins zu erfahren.

2

Der Geist erschafft stets Gedanken

Viele denken, bei der Meditation gehe es darum, unsere Gedanken zu stoppen oder einen leeren Geist zu haben, aber so etwas ist schlicht unmöglich. Unser Geist erzeugt von Natur aus Gedanken. Bei der Meditation geht es darum zu lernen, sich von seinen Gedanken nicht mitreißen zu lassen.

Zu Beginn kann die Technik, unsere Atemzüge von eins bis zehn zu zählen und dann wieder zurück, hilfreich sein. Zähle «eins» für den ersten Atemzyklus (das erste Mal Ein- und Ausatem), dann «zwei» für den nächsten Zyklus und so weiter. Wenn du bemerkst, dass dein Geist abgeschweift ist, beginne einfach wieder mit dem Zählen bei eins.

Es geht bei dieser Technik nicht darum, bis zehn zu kommen und dann wieder zurück zu eins, noch zählen wir auf diese Weise, um unsere Gedanken auszublenden. Das Zählen auf diese Weise hilft uns einfach zu bemerken, wenn wir uns von unseren Gedanken haben davontragen lassen und wir den Kontakt zu unserem Atem verlieren. Das wird passieren, und manchmal ziemlich schnell. Wenn es passiert, kehren wir einfach mit unserer Aufmerksamkeit zu unserem Atem zurück und zählen «eins».

Meditation gibt uns die Möglichkeit, eine neue Art der Beziehung zu unserem Denken zu entwickeln. Wir lernen, Beobachter*in unserer Gedanken zu sein, ohne an ihnen zu hängen oder sie abzulehnen. Wir beginnen zu bemerken, dass Gedanken und Gefühle nicht gerade solide, real oder dauerhaft sind: Sie steigen auf, sie haben einen gewissen Lebenszyklus, und dann vergehen sie. Wenn ich auf meinen Atem konzentriert bin, dann sind alle Dinge gegenwärtig. Meine Gedanken sind da, meine Gefühle sind da. Ich bin nur nicht so tief in sie hineingezogen, und ich werde nicht von ihnen kontrolliert.

3

Friedlich mit dem Unfrieden leben

Ein Fehler, den Menschen oft machen, wenn sie die Praxis der Achtsamkeit aufnehmen, besteht darin, sich ein falsches Bild davon zu machen. Sie denken, dass achtsam sein bedeutet, keine Angst zu haben; dass es bedeutet, stets ruhig und friedlich zu sein. Das ist nicht, in Achtsamkeit zu leben. Achtsamkeit und geistige Ruhe sind verwandt, aber sie sind nicht dasselbe. Für mich bedeutet, in Achtsamkeit zu leben, dass ich friedlich im Unfrieden leben kann; dass ich die Realität des Un-Friedens akzeptieren kann.

Im Leben von uns allen gibt es Momente der Ruhe und Momente der Unruhe. Wenn ich in Achtsamkeit lebe, kann ich akzeptieren, dass diese Momente kommen und gehen – wie ein sanfter Regen oder wie ein Wirbelsturm, aber sie kommen und gehen. Mit Achtsamkeit sehe ich ihre Schönheit, wenn sie hier sind; ich kann feiern, was sie mir anzubieten haben, wissend, dass sie vergehen werden, und auch wissend, dass sie vielleicht wiederkehren. Wenn ich in Achtsamkeit lebe, wenn ich tief in die Natur meiner selbst schauen und mein Leiden berühren kann, kann ich lernen, mit meiner Angst, meinem Zweifel, meiner Unsicherheit, meiner Verwirrung, meinem Ärger zu leben. Meine Aufgabe ist es, an diesen Orten zu verweilen wie stilles Wasser.

4

Die Illusion eines getrennten Selbst

Eine der grundlegenden Lehren des Buddhismus ist, dass es in Wahrheit kein getrenntes Selbst gibt. Ja, mein individuelles körperliches Wesen existiert, aber meine Existenz ist nicht aus dem Nichts heraus entstanden. Meine Existenz hängt ab von meinen Eltern, Großeltern und Urgroßeltern – von sämtlichen Generationen, die mir vorangegegangen sind. Alle diese Menschen sind in mir anwesend. Sie leben in meiner körperlichen, emotionalen und spirituellen DNS. In welchem Sinne bin ich von ihnen getrennt?

Es lohnt sich auch, über unsere Abhängigkeit von der natürlichen Welt nachzudenken. Wenn es zum Beispiel keine Bienen mehr gäbe, die unsere Nutzpflanzen bestäuben, hätte die Menschheit Schwierigkeiten, die Nahrung zu produzieren, die wir zum Überleben brauchen. Mein Leben ist von Bienen abhängig, von Pflanzen und von vielen weiteren Lebensformen. Aus dieser Perspektive ist die Idee eines abgetrennten, unabhängigen Selbst ein Mythos. Mein Intellekt kann die Illusion eines Selbst erschaffen, aber das ist nichts weiter als ein Konstrukt des Geistes. Durch eine beständige Meditationspraxis werden wir beginnen, das getrennte Selbst als eine Erfindung zu erkennen, und wir werden beginnen, unsere gegenseitige Verbundenheit mit allem Leben direkter und inniger zu erfahren.

5

Über das Schweigen

Während Meditations-Retreats schweigen wir meistens. Schweigen ist eine wertvolle Praxis, und es geht um so viel mehr als nur um Schweigen allein. Beim Schweigen geht es darum, mit der Aktivität des Geistes zu arbeiten, mit all dem Denken über dies und das, dem ständigen Verlangen des Geistes, dem zu entkommen, was ist. In der Stille haben wir oft eine größere Chance zu sehen, wie unser Geist und unsere Emotionen funktionieren, und wir haben eine Chance, die Weisheit zu entdecken, die alle Dinge miteinander verbindet.

Menschen mögen das Schweigen oft nicht, weil wir in der Stille auf uns selbst zurückgeworfen sind. Von unseren Gedanken, Gefühlen und Wahrnehmungen gibt es kein Entkommen. Wenn wir in der Meditationspraxis neu dabei sind und noch nicht viel Zeit mit uns selbst verbracht haben, kann uns das Schweigen manchmal fast unerträglich scheinen.

Ich erinnere mich noch an die ersten Tage und Wochen in dem ersten buddhistischen Kloster, in dem ich trainierte. Wenn ich über das Gelände ging, kam ich an Mönchen vorbei. Aus einem Gefühl der Höflichkeit und aus dem Wunsch, Kontakt herzustellen (und aus innerer Unruhe), sagte ich «Guten Morgen». Die Mönche gingen einfach an mir vorbei, sagten nichts und taten aus meiner damaligen Perspektive so, als ob ich nicht existierte. Meine unmittelbare Reaktion war, dass ich mich beleidigt fühlte und annahm, dass sie mich nicht mochten. Als mein Training weiterging, durchlief mein Geist viele Veränderungen, bis ich schließlich an den Punkt kam, an dem sich das Schweigen der Mönche auf meine Begrüßung nicht mehr persönlich anfühlte oder nicht mehr wie Ablehnung. Tatsächlich begann ich das Schweigen als eine große Erleichterung zu erleben. Ich war von den sozialen Konventionen befreit, die mich oft leer und ohnehin übersehen oder nicht gehört fühlen ließen. Im Schweigen lag ein gewisser Trost in der Beziehung zu anderen, wie ich ihn zuvor nicht erlebt hatte.

Schweigend in einer Gruppe zu praktizieren, lädt uns ein, eine andere Art von Bewusstheit, eine andere Art von Bewusstsein und neue Wege zu erfahren, sich miteinander zu verbinden. Es ist eine Vertiefung des Bewusstseins und eine großartige Gelegenheit, den Geist zu klären.

6

Die größte Hürde

Viele haben die Hoffnung, dass die spirituelle Schulung, Zen, sie aus dem gewöhnlichen Verlauf des Lebens herausholt, dass sie gewissermaßen außergewöhnlich und einzigartig werden oder dass sie außerordentliche Geisteszustände erleben werden, immerwährende Glückseligkeit, ein unaufhörliches High. Doch genau dieser Wunsch ist die erste und größte Hürde zur wahren Praxis.

Albert Low, The Iron Cow of Zen

7

Da ist kein anderer Ort zum Praktizieren

Bitte verstehe, dass du nirgendwo hingehen musst, um Frieden und Heilung zu finden. Du brauchst nicht in ein Kloster oder in ein Retreat zu gehen, obwohl das manchmal hilfreich sein kann. In Wirklichkeit liegt das Kloster oder das Retreat nicht außerhalb von dir – es bist du und dein tägliches Leben. Auf ganz reelle Art befindest du dich bereits jetzt, während du diese Worte liest, in einem Retreat. Meditationspraxis und dein gewöhnlicher Alltag sind nicht zwei getrennte Dinge. Sobald du das verstehst, wird dein Leben beginnen, sich zu wandeln.

8

Meine und deine Heilung sind nicht getrennt

Ich bin ein Veteran des Vietnamkrieges, der an der Front stand und mit den bleibenden Wunden lebt, wie sie ein solcher Dienst häufig mit sich bringt. Ich lebe mit posttraumatischem Stress, der die Komponente einer moralischen Verletzung ist – mit der tiefen psychologischen und spirituellen Wunde, die dadurch verursacht wird, dass man das Rechte in sich verraten hat und man von Menschen in Macht- und Autoritätspositionen ermutigt wurde, das so zu tun.

Einer meiner Zen-Lehrer sagte zu mir: «Wenn du heilst, so heilst du für alle Veteranen aller Kriege.» Damals sagte ich mir: Dieser Kerl hat den Verstand verloren. In was für einem mystischen Kauderwelsch redet er da? Ich habe jedoch weiter Meditation praktiziert – Sitzen, Gehen, Essen und Arbeitsmeditation. Und eines Tages überkam mich wie eine warme Dusche eine Einsicht, und ich wusste: Ich hatte verstehen gelernt, was er meinte. Meine Heilung und die Heilung der anderen sind nicht getrennt.

Dieses neue Verständnis und Bewusstsein war nicht aus dem Intellekt hervorgegangen. Gefestigt in einer disziplinierten Praxis, einer, die in Sitzmeditation verwurzelt ist, und einfach das Nächste tuend, wurde ich mir der Grenzen meines Intellekts bewusster. Mein Leben begann sich zu öffnen, es verwandelte sich auf eine Art und Weise, wie ich es mir nie hätte vorstellen können. Dies war meine Ermutigung weiterzumachen.

So mache ich also damit weiter zu gehen, nur um zu gehen; zu sitzen, nur um zu sitzen; zu essen, nur um zu essen; das zu tun, was direkt vor mir ist. Ich tue dies einfach und sehe, was sich als Nächstes ergibt. Was mag da noch aus der inneren Verpflichtung gegenüber der Wahrheit des Nicht-Wissens erwachsen?

9

Wie lange meditieren?

Wenn wir Sitzmeditation praktizieren, kommt es nicht so sehr auf die Dauer an, die wir auf dem Kissen zubringen, als auf unsere Absicht: zu lernen, bei allem, was wir tun, präsent zu sein. Ja, Sitzmeditation ist die Wurzel und das Fundament einer disziplinierten spirituellen Praxis. Jedoch einfach nur auf dem Kissen zu sitzen, ist nicht Meditation. Wir sitzen, um zu sehen, was uns davon abhält, uns mit ganzem Herzen auf unser Leben einzulassen.

In den meisten Fällen verfehlen die Vorstellungen, die wir darüber haben, was eine disziplinierte spirituelle Praxis ist, das Thema. Der Kern der Praxis ist die Anweisung, einfach innezuhalten, konzentriert beim Atem zu bleiben und zu beobachten. Sei aufmerksam für das, was hochkommt. Es geht nicht darum, wie lange wir sitzen. Der Punkt ist, zu beginnen und dann kontinuierlich weiterzumachen, Tag für Tag. Es geht darum, der Praxis zu erlauben, in uns Wurzeln zu schlagen und zu gedeihen.

10

Tiefer gehen als Vergnügen

Bei der Meditation geht es nicht um Vergnügen. Gehe tiefer, als deine Vorstellungen von Vergnügen reichen. Bleib dabei, bleib im Prozess. Lass dich nieder, gib nach und lass los.

Atme in deinen Bauchraum, atme aus. Mach weiter und gib nicht auf. Dann wirst du damit beginnen, den Nutzen zu erleben. Meditation bringt dich direkt mit deinen Widerständen in Kontakt. Und das ist wichtig. Widerstand und Zweifel sind wichtige und wertvolle Bestandteile des Prozesses. Wenn du diese sogenannten Hindernisse erlebst, mache mit dem Sitzen einfach weiter und schau, was sich ergibt.

11

Sich ein Gefühl des Staunens bewahren

Der einzige Weg, einen Ort des Erwachens zu erreichen, ist aufzuhören zu denken, dass ich bereits irgendwo angekommen bin oder dass ich irgendetwas mit Sicherheit weiß. Ich muss mir eine Haltung der Neugier und des Staunens bewahren. Durch den Prozess der Sitzmeditation, durch Konzentration auf den Atem, kann sich meine Beziehung zu mir selbst und der Welt verwandeln. Damit dies geschehen kann, muss ich allerdings dazu bereit sein, meine Ideen loszulassen – meine sämtlichen Vorstellungen, wie das Leben zu sein hat. Wenn ich meine Vorstellung loslasse, kann sich die Wirklichkeit der Dinge selbst zeigen. An diesem Punkt meines Lebens ist es meine innere Verpflichtung, diesen Prozess des Entdeckens weiterzuführen, zu erforschen, wie sich mit all dem arbeiten lässt, was mir offenbart wird, und was mein wachsendes Bewusstsein stärken kann.

12

Die vier wesentlichen Elemente des Zen

In meiner eigenen Praxis, in meinem Lernen und beim Lehren haben sich über die Jahre vier Grundpfeiler der Zen-buddhistischen Praxis herauskristallisiert.

Stille/Schweigen: Das Fundament der Zen-Praxis ist eine engagierte, regelmäßige Meditationspraxis des stillen Sitzens, die durch eine/n authentische/n Lehrer*in und eine Gemeinschaft von Übenden unterstützt wird. Bei der Zen-Praxis geht es darum, mehr Stille in unser Leben zu bringen und die Stille, die wir in der Meditation erfahren, in alles zu bringen, was wir tun. «Stille» bedeutet in diesem Zusammenhang nicht nur die Abwesenheit von Lärm. Jede und jeder, die in Meditation gesessen haben, verstehen, dass die Tätigkeit des Geistes, selbst bei Abwesenheit von äußerlichen Geräuschen, ohrenbetäubend sein kann. In der Praxis der Stille geht es darum, das einfach zu bemerken und die eigene Beziehung zu den inneren und äußeren Geräuschen, die uns bei Tag und Nacht begleiten, zu verändern, sie weder von sich zu weisen noch an ihnen festzuhalten.

Disziplin: Ein wesentlicher Bestandteil unserer Praxis sind das Engagement und die Entschlossenheit, egal was gerade los ist, weiterzumachen; weiter zu sitzen, einfach um zu sitzen; zu gehen, einfach um zu gehen; zu essen, einfach um zu essen – ob uns der Sinn danach steht oder nicht. Auf dem Weg werden wir auf Zweifel und Herausforderungen stoßen. Unser Geist wird uns sagen, dass wir heute nicht wirklich zu sitzen brauchen, dass es nicht darauf ankommt oder dass es ohnehin nicht «funktioniert». Unsere Disziplin erweist sich darin, jeden Tag weiter zu üben – auf dem Kissen und überall – und zu sehen, was sich ergibt.

Rituale: Teil einer entschlossenen Zen-Praxis ist das Erlernen der Rituale und Andachten, die seit Generationen von Lehrer*innen zu Schüler*innen weitergegeben wurden. «Der Wert einer Zeremonie», so heißt es im Sutra von Hui-neng, «besteht darin, Arroganz zu zügeln.» Unsere Leben sind voll von Ritualen, nicht nur in der Meditationshalle, sondern den ganzen Tag über. Unsere Praxis ist es, alles, was wir im Zendo tun, mit großer Sorgfalt und Aufmerksamkeit zu tun und dies dann in sämtliche Aspekte unseres täglichen Lebens hineinzutragen.

Studium: Unsere Praxis wird durch das Lesen klassischer buddhistischer Texte wie des *Dhammapada*, den *Herz-Sutra*, den *Diamant-Sutra*, den *Lankavatara-Sutra* und den *Avatamsaka-Sutra* vertieft. Aber wir müssen uns daran erinnern, dass das Erwachen kein intellektueller Prozess ist. Wenn wir diese Texte studieren, lesen wir, einfach um zu lesen, wobei wir uns stets bewusst sind, dass das Herz der Praxis nicht in den Worten ruht, sondern im Raum zwischen den Worten, im Raum zwischen den Buchstaben.

13

Die erste Richtlinie: Töte nicht

Die erste buddhistische Richtlinie ist, sich des Tötens zu enthalten. Das mag nach einer leicht zu befolgenden Richtlinie klingen. «Ich habe noch nie getötet», magst du sagen. Doch ist das wahr? Unsere Häuser und Einrichtungsgegenstände, sogar die Seiten dieses Buches, werden durch das Töten von Bäumen hergestellt. Wenn wir genauer hinschauen, werden wir sehen, dass unser Leben auf Kosten anderer Lebensformen aufrechterhalten wird. Die Frage lautet dann: Wie kann ich dieser Richtlinie gemäß leben?

Ein Weg, der für mich offensichtlich geworden ist, ist, keinen Fisch, kein Fleisch und kein Geflügel zu essen. Mit diesem Schritt treffe ich eine Entscheidung, die offensichtlicheren Institutionen des Tötens nicht zu fördern. Darüber hinaus liegt es an mir, mein Leben weiterhin tiefgründig mit Bewusstsein und Ehrlichkeit zu betrachten, um zu sehen, wie ich weitere Formen des Tötens reduzieren oder eliminieren kann. Dabei handelt es sich um einen Prozess ohne Ende.

Durch die Beschäftigung mit den buddhistischen Richtlinien habe ich das Gesetz des Karmas, von Ursache und Wirkung, erkannt und respektieren gelernt: Jede Handlung zieht eine Folge nach sich. Die meisten Menschen denken bei Karma an «wie etwas getan wird, so setzt es sich fort», aber das ist zu simpel. Wir können nicht mit Sicherheit wissen, was genau die Folge einer gegebenen Handlung sein wird. Wir können nur sicher sein, dass Wut mehr Wut erzeugt, dass Hass mehr Hass erzeugt und dass Töten zu mehr Töten führt – irgendwo, irgendwann, irgendwie. Wenn ich also möchte, dass die Welt anders wird, muss ich meine ganze Kraft in eine disziplinierte spirituelle Praxis stecken, auf dass mir durch diese Praxis gezeigt wird, wie ich anders leben kann.

14

Sanftmütige Entschlossenheit

Der Prozess des Aufwachens kann langsam und endlos scheinen. Zu anderen Zeiten kann er plötzlich, ja erschreckend erscheinen. Wenn wir eine disziplinierte spirituelle Praxis mit einer festen Vorstellung davon beginnen, was wir erreichen wollen oder wie diese Errungenschaft aussehen und wie sie sich anfühlen soll, werden wir frustriert sein, wenn unsere Vorstellungen nicht erfüllt werden – und ganz bestimmt sind wir das, wenn sich unsere Vorstellungen nicht rasch genug verwirklichen.

In der Zen-Praxis müssen wir eine unerschütterliche innere Verpflichtung für das Erwachen eingehen, während wir gleichzeitig alle Ideen oder Vorurteile darüber aufgeben, wie dieses Erwachen aussehen wird oder wie es sich auf uns auswirken wird.

Auf dem Pfad der Praxis müssen wir auch geduldig und nachsichtig uns selbst gegenüber sein für jene Handlungen, die wir in Vergessenheit ausführen; wir müssen sanft mit uns selbst sein, ohne faul zu werden oder Ausreden vorzubringen.

15

Fälschlich beschuldigt

Ein Zen-Mönch lebte allein in einem Tempel am Rande eines kleinen Dorfes. Da begab es sich, dass eine junge Frau aus einer wohlhabenden Familie des Dorfes schwanger wurde, und ihre Eltern verlangten zu erfahren, wer der Vater sei. Um ihren Liebhaber zu schützen, sagte die junge Frau, dass der Zen-Mönch der Vater des Kindes sei, und der tatsächliche Vater verließ die Stadt.

Die Dorfbewohner gingen zu dem Mönch, der sich angesichts dieser skandalösen und falschen Anschuldigung nicht zu verteidigen versuchte. Er hörte ruhig zu und bot, nachdem er die Situation verstanden hatte, an, sich um das Kind zu kümmern. Sobald das Kind geboren war, zog er es auf, als wäre es sein eigenes. Einige Jahre später kehrte der Geliebte der jungen Frau in das Dorf zurück. Nachdem das Paar wieder vereint war, erzählte es allen die Wahrheit. Die Dorfbewohner gingen zurück zu dem Mönch, um ihren Fehler einzugestehen und ihm mitzuteilen, dass der wahre Vater des Kindes zurückgekehrt war. Wieder sagte der Mönch wenig. Obwohl er das Kind liebgewonnen hatte, gab er es seiner Mutter und seinem Vater zurück und nahm sein klösterliches Leben wieder auf.

Wenn wir falsch beurteilt wurden, tun wir besser daran, uns auf unser eigenes Handeln und Verhalten zu konzentrieren, anstatt zu versuchen, uns zu verteidigen oder zu kontrollieren, wie andere uns wahrnehmen. Anstatt uns aufzuregen, können wir in Demut unsere volle Aufmerksamkeit und Energie darauf verwenden, uns gut um das zu kümmern, was uns vorgelegt wird.

16

Dogens Anweisungen für die Sitzmeditation

Für Zazen eignet sich ein ruhiger Raum. Esse und trinke mäßig. Lege alle Verwicklungen von dir ab und unterbreche, womit du dich beschäftigst. Denke nicht an Gut oder Schlecht. Wende nicht Pro oder Kontra an. Höre auf mit allen Bewegungen des bewussten Geistes, mit dem Festhalten an Gedanken und Ansichten. Habe keine Pläne, ein Buddha zu werden. [Zazen] hat überhaupt nichts mit Sitzen oder Hinlegen zu tun.

Breite an der Stelle, wo du regelmäßig sitzt, eine dicke Matte aus und lege ein Kissen darauf. Sitze entweder in der Position des Vollen Lotus oder in der des Halben Lotus: Lege zuerst den rechten Fuß auf den linken Oberschenkel und dann den linken Fuß auf den rechten Oberschenkel. Im halben Lotussitz drücke einfach deinen linken Fuß gegen deinen rechten Oberschenkel. Du solltest deine Robe und Gürtel locker gebunden und ordentlich angezogen haben. Lege dann deine rechte Hand auf dein linkes Bein und deine linke Handfläche [nach oben gerichtet] auf deine rechte Handfläche, wobei sich die Daumenspitzen berühren.

So sitze aufrecht in einer korrekten Körperhaltung, weder nach links noch nach rechts geneigt, weder nach vorne noch nach hinten gelehnt. Achte darauf, dass deine Ohren in einer Ebene mit deinen Schultern sind und deine Nase in einer

Linie mit deinem Nabel. Lege deine Zunge an das vordere Dach deines Mundes, Zähne und Lippen hältst du geschlossen. Deine Augen sollten immer offen bleiben, und du solltest sanft durch die Nase atmen.

Wenn du deine Haltung angepasst hast, atme tief ein und aus, wiege deinen Körper nach rechts und links und komme in eine ruhige, unbewegliche Sitzposition. Denke an das Nicht-Denken. Wie denkst du ans Nicht-Denken? Kein-Denken. Dies allein ist die wesentliche Kunst des Zazen.

Aus Dogens Fukanzazengi

(Allumfassende Empfehlung für Zazen)

17

Wir sind nie fertig

Durch die Praxis der Meditation haben wir die Chance aufzuwachen. Wir haben die Chance, aus dem Gefängnis gewohnheitsmäßiger Gedanken und Handlungen herauszutreten, in dem wir gefangen waren. Aus dem Gefängnis herauszutreten, bedeutet jedoch nicht, dass das Gefängnis einfach wegschmilzt, worauf es nie wieder auftauchen wird. Wir dürfen uns nicht an einer festen Vorstellung von Freiheit oder Befreiung festhalten. Falls wir denken, dass es irgendeine Art von Dauerhaftigkeit für unsere Freiheit gibt, werden wir uns verlieren.

Nähern wir uns den ersten Grenzbereichen des Erwachens, so werden wir berührt von einem Gefühl der Befreiung. Wir fühlen uns richtig gut, wir sagen uns vielleicht sogar: «Wow, ich werde nie wieder ins Alte zurückfallen. Nun bin ich nicht mehr in alten Mustern gefangen.» Dann später, ohne Vorwarnung, finden wir uns wieder in dem Gefängnis unserer konditionierten Reaktionen, unserer alten Gewohnheiten und Tendenzen. Dann fragen wir uns frustriert: «Wie konnte mir das nur passieren?»

Wir sind ständig anfällig für die Verführung durch unser Leiden, durch unsere konditionierte Natur. Die Behandlung dieser konditionierten Reaktionen liegt in einer fortwährenden, engagierten und disziplinierten Praxis der Meditation – in einer Meditation, die in dem Bewusstsein verwurzelt ist, dass es Freiheit vom Leiden gibt. Ich muss nicht in Kreisläufen von Wiederholungen gefangen bleiben. Ich muss nicht ziellos in dunklen, staubigen Gefilden umherwandern. Stets kann ich aufmerksamer dafür werden, wie mein Geist funktioniert. Ich kann zunehmend wacher werden für die Beschaffenheit und die vielen Ausdrucksformen meiner Konditionierung. Am Ort des Bewusstseins habe ich Wahlmöglichkeiten, die es zuvor nicht gab.

18

Wachsamkeit auf dem Pfad

Wenn ich eine disziplinierte spirituelle Praxis annehme, die in Selbstreflexion verwurzelt ist, eröffnen sich mir echte Möglichkeiten der Wahl, und ich habe Freiheit. Ich werde in der Lage sein, die leise, aber feste Stimme zu hören, die mich lenkt und führt, die sanfte Stimme der Weisheit. Je mehr ich mich verpflichte, auf diese Weise zu leben, ein- und ausatmend, desto mehr zeigt mir mein Leben den Weg, den ich gehen soll. Aber ich muss immer wachsam sein, bewusst, stets auf der Hut. Beständig habe ich tief in die Natur meines Handelns zu blicken.

19

Arbeitsmeditation

Arbeit ist ein wesentlicher Teil unseres Lebens. Sie ist ein Ausdruck unserer Kreativität und unserer Verbundenheit mit dem Leben. Ob an unserem Arbeitsplatz oder zu Hause, es gibt immer etwas zu tun, also können wir diese Aufgaben auch als Gelegenheit nutzen, um zu verstehen, dass die Meditation nicht aufhört, wenn wir uns vom Kissen erheben. Die kürzeste Anleitung zur Arbeitsmeditation ist, mit deinem Atem verbunden zu bleiben, während du arbeitest. Während du eine Aufgabe machst, sei es das Abwaschen von Geschirr, das Mähen des Rasens oder eine geschäftliche Besprechung, nimm dir Zeit dafür, sämtliche Details zu bemerken: wie die Dinge aussehen, wie sie sich anfühlen, wie sie riechen. Achte darauf, was du als angenehm oder unangenehm empfindest. Achte auf all deine Gedanken, Gefühle und Empfindungen, die bei der Arbeit auftauchen. Bemühe dich zu bemerken, wo du in deinem Arbeitsstil aus dem Gleichgewicht gerätst, und tue einen Schritt hin zu mehr Gleichgewicht.

Wenn du zum Beispiel jemand bist, der/die stets alles alleine tut, so bitte jemanden um Hilfe. Wenn du dich selbst meist im Hintergrund hältst und anderen die Initiative überlässt, dann sei etwas durchsetzungsfreudiger. Wenn du die Tendenz hast, zu schnell zu arbeiten, so verlangsame dich. Auf diese Weise kann unsere Meditationspraxis im Laufe des Tages wachsen und sich entwickeln und Teil von allem werden, was wir tun.

20

Meditation ist kein Medikament

Lasse dich nicht verwirren: Meditation ist kein Medikament. Sie wird uns nicht vor unserem Schmerz, vor unerwünschten mentalen oder emotionalen Zuständen retten. Meditation ist nicht dazu da, unserem Unbehagen zu entkommen oder uns in Ordnung zu bringen. Bei der Meditation geht es darum, das, was wir als unangenehm oder unerwünscht empfinden, intimer zu erfahren. Bitte sei dir bewusst, dass dein Unbehagen nicht bedeutet, dass du grundsätzlich kaputt, krank oder gestört bist. Unbehagen ist ein unvermeidlicher Teil der menschlichen Erfahrung.

Bei der Meditation geht es darum, dass wir uns uns selbst stellen – und darum, dass wir den Mut und die Bereitschaft entwickeln, mit unseren Gedanken, Gefühlen und Wahrnehmungen ständig präsent zu sein, egal was wir gerade tun. Einer der vorrangigen Wege, dies zu tun, ist es, das Bewusstsein des Atems beizubehalten.

Auf dem Pfad der Meditation geht es darum, das Leben entsprechend der Gegebenheiten zu leben, anstatt zu versuchen, das Leben zu zwingen, Bedingungen oder Vorstellungen davon, wie es sein sollte, zu entsprechen. Wenn wir auf diese Weise leben, wenn wir die Meditationspraxis in sämtliche Aspekte unseres Lebens einbringen, entdecken wir allmählich unsere angeborene Weisheit und unsere wesentliche Unversehrtheit.

21

Körperlicher Schmerz bei der Praxis des Sitzens

Ich praktiziere die Sitzmeditation in der einen oder anderen Form seit mehr als vier Jahrzehnten, und erst seit etwa zehn Jahren bin ich in der Lage, frei von körperlichem Unbehagen zu sitzen. Aber während dieser ersten Jahrzehnte fuhr ich fort, einfach zu sitzen, mit meinem Körper zu arbeiten und ihm zu erlauben, mich zu informieren. Ich experimentierte mit verschiedenen Sitzpositionen: Sitzen im Seiza (Knie nach vorne), auf Bänken, im Halblotus. Ich habe im Laufe der Jahre alles Mögliche ausprobiert – und plötzlich hat es einfach funktioniert. Ich habe keine Ahnung, was passiert ist. Irgendetwas änderte sich, und ich konnte einfach stundenlang sitzen, ohne wirklich Schwierigkeiten zu haben.

Aber dann musste ich vor ein paar Jahren an den Knien operiert werden. Direkt nach der Operation konnte ich weder Niederwerfungen machen noch auf einem Kissen sitzen. Ich habe immer noch nicht die Beweglichkeit, die ich vor der Operation hatte, aber ich bin jetzt in der Lage, Niederwerfungen zu machen, und ich kann auf einem Kissen sitzen, wenn ich meine Knie ein wenig stütze. Wenn du während der Sitzmeditation Schmerzen verspürst, so ist es wichtig, auf deinen Körper zu hören und die fixen Vorstellungen loszulassen, wie die Dinge zu sein haben. Wenn ich zu viel denke, kann ich nicht hören, was mein Körper zu mir sagt. Es geht darum, wirklich sitzen zu wollen, dann zuzuhören und zu experimentieren, um herauszufinden, was funktioniert.

Der ganze Prozess des Aufwachens wurzelt darin, wirklich anders leben zu wollen. Es spielt keine Rolle, wie stark die Konditionierung ist oder was die Hindernisse sind. Was zählt, ist der Wunsch. Das Wollen. Weil ich anders leben will, habe ich trotz erheblicher Verletzungen einen Weg gefunden, indem ich auf meinen Körper höre. Ich habe keine feste Vorstellung davon, was es bedeuten wird, anders zu leben, oder wie das vielleicht aussehen wird, überhaupt gar keine. Es ist immer ein Prozess des Zuhörens und des Anpassens.

22

Sich verneigen

Im ersten Zen-Kloster, in dem ich lebte und studierte, wurde mir beigebracht, wie und wann ich mich zu verbeugen hatte. Mir wurde gesagt, dass ich meine Handflächen zusammenpressen solle, wobei meine Daumen und Fingerspitzen sich berühren müssten. Dann sollte ich meine Daumen auf die Knöchel meiner Zeigefinger legen, und die Spitzen meiner längsten Finger sollten parallel zu meiner Nasenspitze sein. Auf Japanisch heißt diese Position Gassho.

Die Form sollte weder zu starr noch zu entspannt sein. Ich sollte meine Hände in einem angenehmen (angemessenen) Abstand zu meinem Körper platzieren, weder zu weit weg, noch zu nah dran. Wenn ich mich verbeugte, wurde mir gesagt, ich solle mich in der Taille verbeugen und dabei meine Augen auf die Person oder das Objekt richten, vor der oder dem ich mich verbeugte. Kein anderer Teil meines Körpers sollte sich dabei bewegen.

Beim Betreten der Meditationshalle wurde ich angewiesen, zuerst mit dem rechten Fuß hineinzutreten und mich dann auf diese Weise vor dem Raum selbst zu verbeugen. Dann sollte ich zu meinem Sitzplatz gehen und mich in Richtung meines Kissens verbeugen, und dann sollte ich mich umdrehen – ohne mit dem Rücken zum Altar zu zeigen – und mich vor der Person verbeugen, die mir gegenübersaß. Ebenso wurde ich angewiesen, mich zu verbeugen, wenn der Lehrer oder die Person, welche die Praxisperiode leitete, die Meditationshalle betrat, was mit dem Klang einer Glocke angekündigt wurde.

Damals spürte ich großen Widerstand gegen all das. Ich litt immens unter meinen vorgefassten Meinungen darüber, was Verneigen bedeutete. Ich dachte, Verbeugen sei ein Akt der Unterwerfung, ein Zeichen dafür, dass man sich einer anderen Person unterordnet. Also habe ich mich trotzig geweigert, den Anweisungen zu folgen. Ich weigerte mich hartnäckig, mich vor irgendjemandem oder irgendetwas zu verbeugen.

Aber eines Tages, immer noch von meinem Leiden verzehrt, betrat ich die Meditationshalle und verbeugte mich halbherzig, während ich mich umsah, um sicherzugehen, dass ich nicht beobachtet wurde. Ich stellte fest, dass ich mich nicht geringer fühlte. Ich setzte dieses halbherzige Experiment des Verbeugens fort, bis ich eines Tages, kurz bevor ich die Meditationshalle betrat, eine klare, ruhige innere Stimme vernahm, die mich ermutigte, meinen Widerstand loszulassen und mich einfach zu verbeugen. Ich dachte: «Was schadet es schon? Ich kann ja jederzeit damit aufhören.»

Ich legte meine Hände in Gassho, wie angewiesen, und betrat die Meditationshalle mit dem rechten Fuß zuerst. In dem Moment, als sich mein linker Fuß neben den rechten stellte, verbeugte ich mich. Als ich wieder aufrecht stand, wurde ich von einer Flut von Gefühlen überschwemmt, und ich brach in Tränen aus. Ich erlebte eine Leichtigkeit des Seins, von der ich nicht wusste, dass sie existierte, eine Freiheit vom Leiden, die aus dem Verbeugen, einfach um des Verbeugens willen, entstand.

Seitdem habe ich die Kraft der Praxis des Verneigens

im Prozess des Aufwachens schätzen gelernt. Sie lädt mich ein, eine kraftvolle, einfühlsame und engagierte Verbindung zu erleben, wenn ich mich vor einer Person oder vor einem Objekt verbeuge. Ich sehe es nicht mehr als eine Geste der Unterwerfung – ganz im Gegenteil. Heute sehe ich es als einen Weg, das Potenzial des Erwachens zu ehren, das in jedem von uns existiert.

23

Praxis für jeden

Du kannst deine Praxis genießen, aber nur für dich selbst zu üben, reicht nicht aus. Wenn du nur für dich selbst übst, hängst du an der Idee, etwas von der Praxis zu bekommen. Dann sind deine Erwartungen endlos, und du wirst niemals Frieden finden. Daher muss deine Praxis für alle sein: für dich, für andere Menschen, für Vögel, für Bäume, für alle Wesen.

Dainin Katagiri, Each Moment Is the Universe

24

Disziplin

Wenn wir wirklich den Weg der Meditationspraxis gehen wollen, müssen wir Disziplin entwickeln. Disziplin erwächst aus dem Wunsch, anders zu leben. Wenn wir nicht wirklich anders leben wollen, wenn wir nicht wirklich aufwachen wollen und wenn wir nicht bereit sind, alles zu tun, was nötig ist, dann wird sich nichts wirklich ändern. Der Druck unserer Konditionierung, unserer eingefahrenen Denk- und Handlungsgewohnheiten, ist stark und verführerisch. Unser Geist wird alle möglichen Gründe erfinden, alle möglichen Rechtfertigungen, um einer disziplinierten Meditationspraxis aus dem Weg zu gehen.

Ich begegne oft Menschen, die sich in ziemlich verzweifelten Lebensumständen befinden und die wollen, dass sich diese Umstände ändern. Ich biete ihnen die Werkzeuge und Anleitungen an, die mir vermittelt wurden, die Werkzeuge der Meditation und Achtsamkeit, und dann höre ich zu und beobachte ihre Reaktion. Oft sagen mir dieselben Menschen, warum sie nicht tun können, was ich ihnen empfohlen habe, warum sie nicht die Zeit dafür haben oder warum sie nicht tun müssen, was ich vorgeschlagen habe. In diesem Moment erkenne ich die wahre Beschaffenheit und Kraft ihrer Konditionierung und ihres Leidens, und ich weiß, dass diese Person noch nicht reif ist für die Praxis oder für Heilung und Transformation.

Voller Entschlossenheit weise ich weiterhin auf den Pfad der Befreiung vom Leiden hin. Ich habe von meinen Lehrer*innen eine Landkarte erhalten. Diese Landkarte wurde durch 83 Generationen von buddhistischen Lehrern*innen an mich weitergegeben. Sie ist das Licht an der Spitze der Kerze, heiß und hell, das mich mit Energien versorgt, die grenzenlos zu sein scheinen. Ich bemerke, dass ich, wenn ich in der Gegenwart von jemandem bin, der/die es mit der Praxis und dem Wandel wirklich ernst meint, neue Energie finde, um zu lehren und den Weg zu zeigen. Unter diesen Umständen werde ich stets von meiner Zeit und meinen Kräften geben können, bis die Kerze meines Lebens erloschen ist.

25

Was ist Zen?

Im Zen geht es nicht um das, was wir glauben, was wir denken oder was wir sagen. Es geht darum, was wir tun. Es geht darum, wie wir in der Welt sind, wie wir mit den Menschen umgehen, mit denen wir in Kontakt kommen – denjenigen, mit denen wir übereinstimmen, und denjenigen, mit denen wir nicht übereinstimmen. Es geht darum, wie wir uns um die Gegenstände kümmern, die uns in unserem täglichen Leben dienen, die Spüle, den Herd, die Dusche, die Toilette, das Auto. Im Zen geht es um die Qualität der Aufmerksamkeit, die wir sämtlichen Aspekten unseres Lebens entgegenbringen.

26

Wenn der Weg schwer wird

Wenn Menschen beginnen, Meditation zu praktizieren, kommt es anfänglich zu einer emotionalen Heiterkeit, die mit diesen ersten Berührungen mit der Möglichkeit der Veränderung einhergeht. Diese Gefühlsaufwallung sollte nicht mit authentischer spiritueller Praxis oder Verwirklichung verwechselt werden, obwohl das allzu oft der Fall ist.

Meditation ist die Praxis des Gewahrseins, des Aufwachens. Zu einem bestimmten Zeitpunkt wird uns die Praxis an den Ort bringen, an dem wir beginnen, all die Gefühle zu fühlen, denen wir in unserem Leben aus dem Weg gehen wollten. An dieser Stelle geben Menschen oft die spirituelle Praxis auf, weil sie denken, dass es für sie nicht funktioniert.

Das, was wir an dieser entscheidenden Kreuzung tun, ist es, was bestimmen wird, wie sich unser Leben weiter entfaltet. Werden wir uns entscheiden, unseren Schmerz anzuschauen, und endlich aufhören, vor ihm wegzulaufen? Werden wir den Mut haben, uns unserem Leiden zu stellen? Werden wir eine disziplinierte Praxis entwickeln und ihr vertrauen, unterstützt von einer Gemeinschaft Gleichgesinnter und einer/einem authentischen Lehrer*in? Spirituelle Praxis ist harte Arbeit. Sie ist nichts für Zartbesaitete und keine beiläufige Sache. Daher geht es schließlich immer um die brennende Frage: Was bist du bereit zu tun?

27

Verbindung aufnehmen zur Angst

Der einzige Weg, wie ich meine Wunden heilen kann, und der einzige Weg, wie ich erwachen kann, ist es, im gegenwärtigen Moment zu leben, ein- und ausatmend. Jedes Mal, wenn ich mit meiner Angst in Kontakt komme, muss ich zuerst lernen, eine offene Beziehung zu ihr aufzubauen, weder an ihr zu hängen noch sie abzulehnen. Dann ist der nächste Schritt zu sehen, was hinter dieser Angst steckt. Das ist wie das Umdrehen von Steinen. Bis ans Ende meiner Tage habe ich weiter Steine umzudrehen, und dabei blicke ich tiefer und tiefer.

28

Die Ursache des Leidens

Es ist nicht das Leben, das Kummer bringt, sondern die Ansprüche, die wir an das Leben stellen. Die Ursache von dukkha [Unbefriedigtsein] ist selbstsüchtiges Wünschen: trishna, der Durst, zu haben, was man haben will, und seinen eigenen Weg durchzusetzen. In dem Glauben, das Leben könne sie glücklich machen, indem es ihnen bringt, was sie wollen, rennen die Menschen der Befriedigung ihrer Wünsche hinterher. Aber sie erhalten nur Unglücklichsein, denn Selbstbezogenheit kann nur Kummer bringen.

Es gibt kein stärkeres Feuer als das selbstsüchtige Verlangen. Nicht einmal hundert Jahre Erfahrung können es löschen, denn je mehr man es füttert, desto mehr brennt es. Es verlangt, was die Erfahrung nicht geben kann: ständiges Vergnügen, unvermischt mit allem Unangenehmen. Aber es gibt kein Ende für solches Verlangen; das ist die Beschaffenheit des Geistes. Zu leiden, weil das Leben selbstsüchtiges Verlangen nicht befriedigen kann, ist, wie zu leiden, weil ein Birnbaum keine Trauben wachsen lassen kann.

EKNATH EASWARAN, IN SEINER EINLEITUNG ZUM DHAMMAPADA

29

Aufhören, anderen die Schuld zu geben

Wir können die äußere Welt nicht dazu bringen, friedlich zu werden; wir können nur Frieden werden. Das ist der einzige Weg. Es gibt so viel Trauma und Traurigkeit in der Welt, so viel Leid. Wir müssen dazu bereit sein, uns das anzusehen und zu erkennen, wie wir dafür verantwortlich sind und wie wir zu diesem Kreislauf beitragen. Wenn wir aufhören, anderen die Schuld zu geben, und beginnen, tief in uns selbst zu schauen, können wir entdecken, wie Leiden entsteht, wie es mit Gewalt verbunden ist und wie wir die scheinbar endlosen Kreisläufe der Aggression stoppen können.

30

Loslassen von Ergebnissen

Bitte verstehe, dass, wenn wir uns auf eine anhaltende, engagierte spirituelle Praxis einlassen, wir das Ergebnis oder die Resultate nicht im Voraus kennen können. Was wir aber auf jeden Fall wissen, ist, dass wir weiterhin Leidenskreisläufe in uns selbst und in unserer Welt aufrechterhalten werden, wenn wir uns nicht zu einer spirituellen Praxis verpflichten. Ohne genau zu wissen, was die Ergebnisse sein werden, engagieren wir uns in der Meditationspraxis einzig um ihrer selbst willen. Wir entscheiden uns dafür, uns in Richtung Transformation und Heilung zu bewegen, wohl wissend, dass wir sämtliche vorgefassten Meinungen und Vorstellungen über das Wesen von Transformation und Heilung loslassen müssen.

31

Essensmeditation

Wir alle müssen essen, aber meist achten wir nicht darauf, was wir essen und wie wir es tun. Allzu häufig schaufeln wir geistesabwesend unser Essen hinunter, während wir uns mit jemandem unterhalten oder auf einen Bildschirm blicken, ohne dass wir unser Essen vollständig schmecken, genießen oder würdigen. Wenn wir auf diese Weise essen, sind wir weitab von einer Verbindung zu uns selbst, und das Essen kann für uns zu einer Droge werden, die wir benutzen, um unsere Gefühle zu betäuben.

In der Essensmeditation bringen wir unser volles Bewusstsein in den Prozess des Essens. Wenn du dich mit einem Teller Essen hinsetzt, so halte inne und atme dreimal bewusst ein und aus, bevor du anfängst zu essen. Davor rezitiere diesen Vers laut, oder sprich ihn innerlich:

Dieses Essen ist das Geschenk des ganzen Universums, der Erde, des Himmels und vieler harter Arbeit.
Mögen wir auf eine solche Art und Weise leben, die uns würdig macht, es zu empfangen.
Mögen wir unsere unheilsamen Geisteszustände umwandeln, insbesondere unsere Gier.
Mögen wir nur Essen zu uns nehmen, das uns nährt und uns vor Krankheit schützt.
Wir empfangen dieses Essen, so dass wir den Pfad der Übung von Liebe, Mitgefühl und Frieden verwirklichen mögen.

Dann beginnst du zu essen. Wenn möglich, esse im Schweigen. Kaue jeden Bissen der Nahrung fünfzig Mal. Das Einzige, was uns daran hindert, Bissen für Bissen so oft zu kauen, besteht darin, dass man allzu schnell hinunterschluckt. Viele von uns haben die Angewohnheit, jeden Bissen nach nur ein- oder zweimaligem Kauen sofort hinunterzuschlucken. Es ist, als ob wir es einfach nur hinter uns bringen wollten, rein und runter. Nimm dir die Zeit, das wunderbare Geschenk des Essens, die Gerüche, Geschmäcke, Blicke und Geräusche zu schätzen.

Nimm dir fünfzehn Minuten Zeit für die Essensmeditation, und dein Körper wird die Möglichkeit haben, dir mitzuteilen, wann du genug gegessen hast – ein Punkt, den wir oft verfehlen. Am Ende der Essensmeditation atme dreimal ein und aus und sage laut oder innerlich: «Danke.» Oder, wenn du möchtest, lege deine Hände in Gassho (Handflächen aneinandergelegt) und verwende diesen Schlussvers:

Mögen wir in schlammigem Wasser existieren mit Reinheit wie die Lotusblume. Auf diese Weise verneigen wir uns vor Buddha.

32

Dein Leben ist eine einzigartige Gelegenheit

Du hast die einzigartige Gelegenheit menschlicher Gestalt erlangt. Vertue nicht deine Zeit. Du bewahrst die Essenz des Buddha-Weges. Wer würde da flüchtiges Vergnügen an dem Funken eines Feuersteins finden? Außerdem sind Form und Substanz wie der Tau auf dem Gras, das Schicksal wie ein aufleuchtender Blitz – leer in einem Augenblick, verschwunden im Nu.

Aus Dogens Fukanzazengi (Allumfassende Empfehlung für Zazen)

33

Frei von Absicht

Wenn wir uns auf die Meditationspraxis einlassen, ist es entscheidend zu verstehen, dass es keinerlei Absicht, keinerlei Ziel und nichts Bestimmtes geben kann, das wir versuchen zu erreichen.

Leicht kann es geschehen, dass wir uns in all unseren Ideen über die Dinge verlieren, in unseren Hoffnungen und Erwartungen, und dass wir darüber den ganzen Sinn dessen, was wir tun, verpassen.

Wenn ich mich zu sehr in festgelegten Ideen verstricke über die Körperhaltung, wie lange ich sitzen sollte und so weiter, versäume ich vielleicht den Punkt, um den es geht, und zwar einfach das Sitzen. Meine innere Entschlossenheit muss nur darin bestehen zu sitzen, einfach um zu sitzen, zu gehen, einfach um zu gehen, zu essen, einfach um zu essen, zu atmen, einfach um zu atmen. Das ist Erwachen. Wir üben, einfach um zu üben, um zu verlangsamen und sowohl Beobachter*in als auch Teilnehmer*in der Aktivitäten zu werden, die unser Leben ausmachen. Der Sinn des Übens ist es, zu schauen und zu sehen, zu entdecken. Durch das Entdecken kann das Gewahrsein wachsen.

34

Was ist liebevoll?

Ein Schüler fragte mich einmal: «Was bedeutet es, liebevoll zu sein?» Wenn wir meinen zu wissen, was Lieben ist, dann ist dieser Gedanke mit Sicherheit nicht die Wahrheit des Liebens. Es ist nur eine Sicht der Liebe aus einem bestimmten Blickwinkel, und diese Wahrnehmung ist in unserer Konditionierung verwurzelt. Genau hier geraten wir in Schwierigkeiten. Wir haben eine Vorstellung davon, was Liebe ist, und diese Vorstellung setzt dann bewusst oder unbewusst das Bemühen in Gang, das Leben dazu zu bringen, dass es unserer Vorstellung entspricht. Es ist so wichtig, dass wir unsere Vorstellungen von Liebe nicht verwechseln mit der Wahrheit der Liebe. Durch eine anhaltende, engagierte Meditationspraxis beginnen wir, mehr über uns selbst und die Welt um uns herum zu erfahren. Wir beginnen zu entdecken, was jenseits unserer festgelegten Ideen, unserer Erwartungen und unserer Konditionierung liebevoll ist und was nicht. Wir müssen darauf vorbereitet sein zu entdecken, dass die Wahrheit der Liebe oder des Mitgefühls oder von vielem mehr überhaupt nicht so sein mag, wie wir dachten.

35

Die zweite Richtlinie: Stehle nicht

Die buddhistischen Richtlinien sind keine starr zu befolgenden Regeln, sondern eine Reihe von Leitprinzipien, die uns dabei unterstützen, in unserem Leben wacher und bewusster zu werden.

Die zweite buddhistische Richtlinie fordert uns auf, uns zu verpflichten, nicht zu stehlen. Ich mag von mir denken, dass ich noch nie etwas gestohlen habe, aber es ist wichtig, über die offensichtlichen Formen des Stehlens hinauszuschauen. Habe ich zum Beispiel jemals jemandem das Gefühl von Wohlbefinden oder Sicherheit genommen, indem ich rücksichtslos oder unfreundlich war? Habe ich jemals jemandem die Chance genommen, zu wachsen und sich emotional, intellektuell oder beruflich zu entwickeln? Habe ich jemals diskriminiert – ob bewusst oder unbewusst – aufgrund von Rasse, Geschlecht, sexueller Orientierung oder Religion? Auf welche Weise profitiere ich von der Ausbeutung der Umwelt? Indem ich ein größeres Bewusstsein für die Art und Weise entwickle, wie ich in der Tat stehle, so erwächst mir daraus schließlich die Chance, damit aufzuhören und zu beginnen, anders zu leben.

36

So wie ich bin, wird die Welt

Einer der wichtigsten Aspekte der buddhistischen Lehre, zumindest für mich, ist die Wahrheit der gegenseitigen Verbundenheit: die Wahrheit, dass in mir das gesamte Universum existiert und dass, wie ich bin, die Welt wird. Es ist nicht meine Aufgabe, die Welt zu verändern, sondern mich selber zu entschleunigen, mehr Stille in mein Leben einzuladen, so dass die Wahrheit meines eigenen Leidens an die Oberfläche treten kann. Dies ist etwas, womit ich mich befassen kann. Wenn ich mit meinem eigenen Leiden arbeite, ist es oft nicht wichtig, was ich tue, sondern vielmehr, was ich aufhöre zu tun. Wenn mein Leiden sich zeigt, kann ich aufhören, auf eine automatische, gewohnheitsmäßige oder konditionierte Weise zu handeln. Ich kann innehalten und neue Entscheidungen treffen.

Das Leben während der Covid-Zeit hat uns die Realität der gegenseitigen Verbundenheit fraglos vor Augen geführt. Meine Handlungen wirken sich auf jeden aus, mit dem ich in Kontakt komme. Wenn ich möchte, dass die Welt sich ändert, dann muss ich anders leben, unabhängig davon, was andere tun. Ich muss entschlossen leben, nicht rigide, aber mit einem Bewusstsein für die Konsequenzen. Wenn ich in der Gesellschaft unterwegs bin und mich nachlässig verhalte, werde ich früher oder später auf jemanden treffen, der oder die das Virus hat. Wenn ich dann krank werde, so hat das eine Wirkung auf alle um mich herum. Der Gedanke daran bringt mich mit einem Gefühl des Unbehagens in Berührung. Dieses Unbehagen ist nicht wirklich auf die äußeren Umstände zurückzuführen. Ebenso ist die Lösung für mein Unbehagen nicht äußerlich. Uns wurde in dieser Situation eine große Chance gegeben, unser Unbehagen wahrzunehmen und zu beginnen, anders zu leben. Uns bleibt keine andere Wahl, als der Wahrheit der gegenseitigen Verbundenheit direkt ins Auge zu blicken.

37

Studiere das Selbst

Ich spreche häufig über die vier wesentlichen Elemente der Zen-Praxis: Schweigen, Disziplin, Rituale und Studium. Wenn ich Studium erwähne, denken die meisten sogleich daran, welche Bücher sie lesen sollen. Sie haben eine akademische oder intellektuelle Assoziation mit dem Wort «Studium». Ich verstehe das, aber der Sinn des «Studiums», wie er mir vermittelt wurde, beschränkt sich nicht auf ein intellektuelles Bestreben. Studieren beinhaltet den Intellekt, aber Studieren beinhaltet auch die Aufmerksamkeit, die wir unseren Gedanken schenken; die Aufmerksamkeit, die wir unseren Gefühlen schenken; und die Aufmerksamkeit, die wir unseren Wahrnehmungen schenken, während wir unseren Tag durchleben. In der Zen-Praxis geht es um die Bereitschaft, uns selbst zu studieren und zu den Ursachen und Bedingungen zu erwachen, die uns in den Leidenskreisläufen gefangen halten.

38

Der Geist in der Meditation

Viele Menschen haben den Eindruck, bei der Meditation gehe es darum, unsere Gedanken zu eliminieren, sie irgendwie zu stoppen oder den Geist vom Denken frei zu machen.

Wenn wir eine aktive Verbindlichkeit mit Meditation eingehen, ist es wichtig, dass wir uns nicht an Ideen oder Ziele klammern, denen wir dann hinterherrennen. Wir sitzen einfach in einer aufrechten Körperhaltung, richten unser Gewahrsein auf den Atem und achten darauf, was passiert.

Mit «darauf achten» meine ich nicht eine Art des konzentrierten, intellektuellen Achtgebens. Das Achtgeben, worauf ich mich hier beziehe, ist eher so, wie wenn man auf einer Bank in einem belebten Park oder auf einem Marktplatz sitzt und beobachtet, was passiert. Beobachten, einfach um zu beobachten, einfach alles beobachten, was passiert.

Wenn du sitzt, so achte nicht nur darauf, was du mit deinen Sinnen wahrnimmst, sondern auch, wie dein Intellekt diese Informationen verarbeitet. Halte dich nicht allzu sehr fest an diesen Informationen oder an den Schlussfolgerungen, die der Intellekt zu ziehen beginnt. Sei aufmerksam, aber greife nach nichts.

Bleib offen und neugierig. Bemerke Empfindungen, Urteile, Anhaftungen und wie der Intellekt nach diesen Erfahrungen greift und versucht, uns von der Absolutheit all seiner Meinungen zu überzeugen. Auf Anhieb mag ich nicht viel Gewahrsein haben. Aber wenn ich weiter sitze und auf meinen Atem konzentriert bleibe, wird mein Gewahrsein wachsen. Verstehe es also bitte, dass es bei der Sitzmeditation im Wesentlichen ums Achtgeben geht, und der Atem ist einfach ein Werkzeug, das diesen Prozess unterstützen kann. Es gibt keine bestimmten Ziele.

39

Wahres Verneigen

Dogen Zenji sagte einmal: «Solange es wahres Verneigen gibt, wird der Buddha-Weg nicht an Wert verlieren.» Beim Verneigen zollen wir unseren vollkommenen Respekt der alles durchdringenden Tugend der Weisheit, die der Buddha ist.

Beim Verneigen sollten wir uns weder hastig noch schwerfällig bewegen, sondern einfach einen andachtsvollen Geist und eine bescheidene Haltung bewahren. Wenn wir uns zu schnell verbeugen, ist die Verbeugung eine zu lässige Angelegenheit; vielleicht haben wir es sogar eilig, sie hinter uns zu bringen. Dies ist häufig das Ergebnis eines Mangels an Ehrfurcht.

Ist unsere Verbeugung dagegen zu langsam, dann wird sie zu einer eher pompösen Zurschaustellung; vielleicht hängen wir zu sehr an dem Gefühl des Verbeugens oder an unserer eigenen (echten oder eingebildeten) Anmut der Bewegung. Das heißt, dass wir die bescheidene Haltung verloren haben, die eine wahre Verbeugung erfordert.

TAIZAN MAEZUMI ROSHI, ON ZEN PRACTICE

40

Die dritte Richtlinie: Sexuelle Klarheit

Die dritte buddhistische Richtlinie behandelt das Thema der Sexualität und Reinheit/Klarheit des sexuellen Verhaltens. In unserer Linie fragt der Lehrer/die Lehrerin den Schüler/die Schülerin während der Richtlinien-Zeremonie, «So wie die Buddhas überall in Raum und Zeit allen Geschöpfen mit Respekt und Würde begegnet sind, wirst du geloben, Zuneigung und Freundschaft ohne Festhalten zu geben und zu empfangen? Dies ist die Richtlinie der sexuellen Klarheit.» Diese Richtlinie bietet uns die Möglichkeit, die Beschaffenheit der Intimität – mit sich selbst und mit anderen – zu erforschen. Bin ich in der Lage, intime, verletzliche und fürsorgliche Beziehungen zu anderen zu haben, ohne dies automatisch in sexuelles Verlangen und Eroberung umzuwandeln?

Es ist wichtig, eine Unterscheidung zwischen unserer menschlichen Sexualität und dem Sexualakt zu machen. Weil ich menschlich bin, habe ich biologische Triebe und konditionierte Reaktionen. Ich leugne die Existenz dieser Triebe nicht, aber ich lasse auch nicht zu, dass meine Triebe und Konditionierungen mein Handeln bestimmen.

41

Meditation ist nicht Stressabbau

Oft lassen sich Menschen von der Idee vereinnahmen, dass sie lange Phasen in Meditation sitzen sollten. Vielleicht bietet ihnen diese Vorstellung einen gewissen Trost. Aber meist handelt es sich um eine Art, die Sitzmeditation als ein Betäubungsmittel zu benutzen, als Flucht vor unserem Leiden.

Bei der Meditation geht es grundsätzlich nicht um Stressabbau, auch wenn sie so vermarktet wird. In der Meditation geht es um viel mehr als das. Bei der disziplinierten Praxis der Meditation geht es darum, uns selbst und unsere Welt zu wandeln. In Wahrheit ist das Sitzen auf einem Kissen wie das Sitzen auf einer Bombe. Wenn wir stiller werden, wird all das Leiden, das wir durch all unsere Handlungen und Aktivitäten sorgfältig von unserem Bewusstsein ferngehalten haben, an die Oberfläche kommen. Manchmal kann es sogar in unser Gewahrsein hineinexplodieren. Wenn wir die Sitzmeditation über diesen entscheidenden Moment hinaus praktizieren, werden wir lernen, wie wir mit alldem präsent sein können. Wir werden lernen, wie wir mit unserem Unfrieden in Frieden sein können, wie wir unter allen Umständen Stetigkeit und Gewahrsein entwickeln können.

42

Sich keinen Illusionen hingeben

Verblendete Menschen erkennen nicht, dass ihr eigener Geist der Buddha ist. Sie suchen ständig im Außen. Sie hören nicht auf, Buddhas anzurufen oder Buddhas zu verehren und sich zu fragen: Wo ist der Buddha? Gib dich nicht mit solchen Illusionen ab.

Erkenne einfach deinen Geist. Außerhalb deines Geistes gibt es keinen anderen Buddha. Die Sutras sagen: «Alles, was Form hat, ist eine Illusion.» Sie sagen auch: «Wo immer du bist, da ist Buddha.»

THE ZEN TEACHINGS OF BODHIDHARMA, ÜBERSETZT VON RED PINE

43

Wenn Praxis «nichts bringt»

Wenn wir zunächst die Meditationspraxis entdecken, kommt es gewöhnlich zu einer Phase der positiven Erregung. Wir denken: «Jetzt habe ich die Antwort gefunden!» Aber bald lässt die Begeisterung nach, und nach einer gewissen Zeit geben die meisten Menschen auf, weil sie denken, dass Meditation ihnen nichts bringt. Sie werden immer noch wütend, fühlen sich unruhig, haben Schlafprobleme. Viele von uns haben die falsche Erwartung, dass Meditation all unser Unbehagen zum Verschwinden bringen sollte; all unser Stress, all unsere Angst und all unsere Schlaflosigkeit sollten einfach verschwinden. Die Wahrheit ist jedoch, dass das Erwachen nicht die Abwesenheit von Leiden ist. Beim Erwachen geht es darum zu lernen, in einer anderen und bewussteren Beziehung mit unserem Leiden zu leben, so dass das Leiden nicht länger unser Leben dominiert und unsere Entscheidungen bestimmt.

44

Unser Konditioniertsein erkennen

Die Sitzmeditation ist eines der Hilfsmittel, die wir anwenden, um uns besser bewusst zu werden, wie unsere Gedankenprozesse, unsere emotionalen Reaktionen und unsere Wahrnehmungen von unserem Konditioniertsein beeinflusst sind. Mit «Konditioniertsein» meine ich die Inhalte einer unausgesprochenen Erziehung, die wir mitbekommen haben, all die Botschaften und Einstellungen, die wir von unseren Familien, unseren Gemeinschaften und unserer Gesellschaft übernommen haben.

Ich bin zum Beispiel ein *weißer* Mann, der in einer ländlichen Gemeinde im Nordwesten von Pennsylvania aufgewachsen ist. Ich war von meiner Umgebung und von der größeren Gesellschaft, zu der ich gehöre, dazu konditioniert, rassistisch und sexistisch zu sein. Die Meditationspraxis hat mir geholfen, dieses Konditioniertsein und die Art und Weise, wie es sich in meinem täglichen Leben in meinen Gedanken, Gefühlen und Handlungen zeigt, zu erkennen. Die Zen-Praxis hat es mir ermöglicht, einen bewussteren Umgang mit diesem Konditioniertsein zu entwickeln. Meditation bringt meinen Rassismus oder Sexismus nicht zum Verschwinden, aber sie beginnen sich zu wandeln, während ich mir ihrer bewusster werde und ich in der Lage bin, neue Entscheidungen zu treffen.

45

Verneige dich, um die Wahrheit zu entdecken

Versuche beständig, die Tiefe des menschlichen Lebens zu erkennen. Akzeptiere die Tatsache, dass du, egal was du tust, egal wo du lebst, unter allen Umständen eine Chance hast, die Wahrheit zu erkennen. Wenn du dich in Gassho (mit zusammengelegten Handflächen) verneigst, so mache einfach Gassho, durch und durch. Wenn du das wirklich tust, kannst du die letztendliche Wahrheit berühren. Dann lernst du durch Gassho etwas!

Dainin Katagiri, Each Moment Is the Universe

46

Die Grenzen des Bewusstseins

In der Sitzmeditation begeben wir uns bis zu den Grenzen des Bewusstseins, dem Ort, wo wir beginnen, unsere Abhängigkeit vom intellektuellen Verstehen, von Wörtern und Sprache zu beruhigen. Wir machen einen Schritt, der wie ein Rückschritt erscheinen mag, wir wenden das Licht des Bewusstseins, um es auf uns selbst zu richten. Letztlich entwickeln wir die Disziplin, Körper und Geist einfach fallen zu lassen. Durch eine disziplinierte Sitzpraxis kann sich unser ursprüngliches Gesicht manifestieren, der Ausdruck des Selbst, der nicht aus der Absicht heraus erschaffen wird, Wahrnehmungen zu formen. Dies ist der Ausdruck des Selbst, der bereit ist, einfach still zu sitzen und zu beobachten, und der sich jener Denk- und Verhaltenssysteme bewusst wird, die ein Leben in Harmonie mit der gegenseitig verbundenen Realität, von der wir ein Teil sind, nicht begünstigen.

47

Wir brauchen die Unterstützung einer Sangha und eines Lehrers oder einer Lehrerin

Wenn wir uns in einer anhaltenden, disziplinierten und entschlossenen Sitzpraxis einrichten, so setzt in uns ein Prozess ein, in dem wir den Geist trainieren und ihm helfen, eine ihm angemessene Größe zu erlangen.

Das Herzstück der Praxis ist die Bereitschaft, dem Geist und den Emotionen zu erlauben, sich auf uneingeschränkte Weise zu manifestieren. Es ist von entscheidender Bedeutung, sich in dieser Praxis der Unterstützung einer Gruppe von Gleichgesinnten (einer Sangha) zu versichern, die direkt von einem authentischen Lehrer/einer authentischen Lehrerin gefördert wird, von jemandem, der/die diesen Weg schon vor dir gegangen ist, von jemandem, der/die in einer etablierten Tradition gut ausgebildet ist. Es ist gefährlich, eigenmächtig vorzugehen, ohne eine Gemeinschaft und einen Lehrer/eine Lehrerin. Menschen, die sich auf die Praxis der Sitzmeditation einlassen, unterschätzen deren Macht häufig.

Wenn wir sitzen und befasst sind mit langsamem, gleichmäßigem, rhythmischem Atmen, verlangsamen sich die geistigen Prozesse, und von einem Augenblick auf den nächsten ist es möglich, dass du direkt durch dich selbst hindurchfällst. Unvorbereitet – falls man überhaupt je auf eine solche Erfahrung vorbereitet sein kann – oder sich nicht bewusst, was gerade passiert, und ohne die Fähigkeiten, eine solche Erfahrung zu steuern, kann dies ein beträchtlicher Schock sein. Wenn es niemanden gibt, an die/den man sich wenden kann, oder wenn niemand in der Nähe ist, der oder die erkennt, was gerade passiert, und der oder die Anleitung und Rückhalt bietet, kann das große Schäden nach sich ziehen. Pass auf dich auf, versuch's nicht auf eigene Faust.

48

Den Lehrer/die Lehrerin idealisieren

Schüler*innen machen sich fast immer ein archetypisches Kultbild von einem Meister/einer Meisterin. Er/sie soll vor allem Liebe und Zuneigung ausstrahlen, er/sie soll ruhig sein und nie ausflippen, er/sie soll keine Emotionen zeigen und sicher nicht wütend werden, er/sie soll sich nicht irren auf seinem/ihrem Weg und nie heute zurücknehmen, was er oder sie gestern gesagt hat.

Ein solcher Mensch darf nie krank werden, und sterben schon mal gar nicht, oder erst nach 120 Jahren (er muss ja immer für dich da sein!). Er darf sich nicht vor die «Glotze» setzen und sicher nicht die Programme angucken, die du abartig findest, aber er muss schon alles wissen, was sich im Leben der Welt abspielt. Fehler oder das, was du als Fehler ansiehst, darf er natürlich nicht haben. Er trägt immer ein Lächeln auf seinem Gesicht, und er darf nie böse werden.

Kurz gesagt: Schüler*innen schaffen sich ein Karikaturbild, eine Art Gottesbild von einem Menschen, und sind dann entsetzt, dass dieser Mensch sich diesem Bild nicht fügt. Noch schlimmer ist es, wenn Schüler*innen behaupten, dass ihr Meister/ihre Meisterin wirklich diesem selbstersonnenen Gott gleich ist und sie diesem Traum nach seinem/ihrem Tode noch lange nachhängen. Sie nehmen den Meister*innen ihre Menschlichkeit, ihre Würde als Mensch …

Unbekannt, in der deutschen Publikation Zen, Nr. 31, 1996

49

Lehne negative Stimmen und Wahrnehmungen nicht ab

Es gibt auch heute noch Stimmen in mir, die mir sagen, dass ich unbrauchbar und wertlos bin, und dies aufgrund meiner Herkunft und aufgrund dessen, was ich getan habe. Diese Stimmen gehen nie weg. Ich bin jedoch an einem Punkt angelangt, an dem ich es nicht will oder brauche, dass sie weggehen. Ohne sie wäre ich nicht die Person, die ich bin, und ich hätte nicht die Gelegenheiten, die ich heute habe. Tatsächlich sind diese Stimmen ein großer Beistand für mich. Sie helfen mir, im rechten Maß zu bleiben und zu verstehen, dass ich weder so wunderbar noch so schrecklich bin, wie manche Menschen oder Situationen es vielleicht vermuten lassen.

Gleichermaßen ist der Schmerz, den ich in meinem Körper erlebe, wenn ich Sitzmeditation praktiziere, nichts Unerwünschtes. Er ist Information. Wie gehe ich damit um? Welche Anpassungen sind nötig? Was sagt mir die Situation? Das ist immer der Punkt. Wie gehe ich direkt mit meinem Unbehagen um?

50

Atembewusstsein in der Meditation

Achte in der Sitzmeditation genau auf den Punkt, an dem der Atem in den Körper eintritt. Folge ihm nicht den ganzen Weg entlang in den Körper, sondern lenke deine Aufmerksamkeit einfach auf den Punkt des Einströmens und auf den Punkt des Ausströmens des Atems. Es geht darum, einen gewissen Grad an Konzentration zu erlangen und dann zu bemerken, wo die Ablenkungen sind. Bemerke die Ablenkungen und lasse sie einfach los. Ablenkungen loszulassen, bedeutet nicht, dass sie aufhören oder aus unserer Praxis verschwinden. Es bedeutet, dass sich unsere Beziehung zu den Ablenkungen ändert. Wir lernen zu bemerken, wenn wir abgelenkt sind, und richten unsere Aufmerksamkeit einfach wieder auf den Atem.

51

Ich muss bereit sein, mich unbehaglich zu fühlen

Wenn ich erwachen und das Leben direkt erfahren will, muss ich bereit sein, mich unbehaglich zu fühlen. Wir leben in einer Gesellschaft, die uns nahelegt, jegliche Empfindung, jegliches Gefühl oder jegliche Erfahrung, die als «unbehaglich» oder «unerfreulich» eingestuft werden, zu vermeiden. Wir werden dazu ermutigt, weder traurig noch einsam, durcheinander oder frustriert zu sein, um nur einige dieser Gefühle zu nennen. Es ist nötig, dass wir lernen, Frieden mit den Dingen herzustellen, von denen wir dazu konditioniert wurden, sie als unseren Unfrieden zu erleben. Im Kern unseres Unfriedens können wir die wahre Natur eines ausgeglichenen, unmittelbar gelebten Lebens mit all seinen Freuden und Sorgen entdecken.

52

Das Leben ist die Meditationspraxis

Eine nachhaltige, disziplinierte Praxis hält sich nicht bloß an die Form der Sitzmeditation. Praxis des Sitzens bildet die Wurzel, das Fundament. Wir sollten lernen zu verstehen, wie diese Wurzel in alles, was wir in unserem täglichen Leben tun, hineinwächst. Der Alltag und die spirituelle Praxis sind nicht zwei getrennte Dinge. Arbeit und Meditation sind nicht voneinander verschieden. Essen und Meditation sind nicht zweierlei. Der Punkt, auf den es ankommt, ist zu erkennen, dass unser Leben Meditation ist. Es gibt nichts anderes als das, und nichts, was davon getrennt wäre.

53

Weggetragen von Gedanken

Wenn wir Sitzmeditation praktizieren, beginnen wir zu erkennen, wann unsere Gedanken uns einfach mitreißen. Gewöhnlich beginnen wir eine Phase des Sitzens mit einem klaren Fokus auf den Atem. Dann vergeht die Zeit, und wir bemerken: Oh, der Atem! Was ist mit meinem Atem passiert? In diesen Momenten des Gewahrseins weißt du, dass du von Gedanken fortgetragen wurdest. Das passiert allen, einschließlich mir. Mit der Zeit können wir dieselbe Art von Gewahrsein von unserem Geist und den Ablenkungen in sämtliche Aspekte des Lebens hineinbringen, egal was wir gerade tun. Wir tun dies, indem wir alle unsere Aktivitäten in einem Gewahrsein des Atems erden und dann bemerken, wie unsere Aufmerksamkeit weggezogen wird.

Der Punkt ist, nicht aufzugeben. Du kannst die Vorteile der Praxis nur erkennen, wenn du beharrlich bleibst. Selbst wenn der Geist sagt: «Was tust du da? Das ist doch einfach bloße Zeitverschwendung.»

Zweifel werden auftauchen. Diese Zweifel werden eine Unzahl von Gründen hervorbringen, um mit der Praxis nicht weiterzumachen. Gerade in solchen Momenten ist es wichtig, einfach weiter zu praktizieren, in Verbindung mit deinem Zweifel, mit all den Fragen, die aus deinem Zweifel hervorkommen, und zu sehen, was passiert.

Ungeduld ist eine große Krankheit der westlichen Kultur und sämtlicher Gesellschaften heute – Ungeduld und der Anspruch auf eine einfache Lösung. Wenn etwas nicht auf Anhieb funktioniert, wenn sich nicht gleich Ergebnisse zeigen, sind wir damit auch schon fertig. Die Leute denken: «Ich habe einen Monat lang Meditation geübt, und es funktioniert nicht. Es ist nutzlos. Ich werde etwas anderes machen.» So funktioniert die Praxis eben nicht. Praxis erfordert einen anhaltenden, disziplinierten Einsatz. Bitte bleib dabei.

54

Die vierte Richtlinie: Lüge nicht

Wenn wir die vierte buddhistische Richtlinie annehmen, geloben wir, «die Wahrheit zu sagen und niemanden zu täuschen» und «zu schauen und zu handeln, wie es dem entspricht, was ist». Damit sind wir angehalten, den Unterschied zwischen liebevoller Ehrlichkeit und brutaler Offenheit zu erkunden. Wenn ich im Lebensmittelladen jemanden sehe, der oder die übergewichtig ist, gibt mir diese Richtlinie nicht die Erlaubnis, auf diese Person zuzugehen und zu ihr zu sagen: «Du bist fett.» Die Richtlinie ermutigt mich, mir meiner konditionierten Reaktionen auf das, was ich als andersartig definiere, oder auf das, was nicht meinen Vorstellungen entspricht von dem, was richtig ist, bewusst zu werden.

Diese Richtlinie leitet uns auch dazu an, den Unterschied zwischen der Ehrlichkeit zu erforschen, die in der oben beschriebenen relativen Welt existiert – dem Bereich von Richtig/Falsch, Gut/Schlecht, Ja/Nein –, und jener Ehrlichkeit, die im absoluten Bereich, der jenseits solcher Unterscheidungen und Trennungen liegt, erfahren werden kann.

Bei dieser Richtlinie geht es auch darum, unsere Praxis offen und nach außen hin sichtbar zu leben und dem Impuls zu widerstehen, mit unserem spirituellen Engagement hinter dem Berg zu halten.

55

Kein Gewinn

Bei der Sitzmeditation gibt es nichts zu erreichen, nichts zu gewinnen. Wir sitzen einfach, um zu sitzen. Wir brauchen darüber nicht viel nachzudenken. Wir konzentrieren uns einfach auf den Atem, und wenn wir abgelenkt werden, kehren wir zum Bewusstsein unseres Atems zurück.

Gedanken können eine preiswerte Form der Unterhaltung sein, manchmal interessanter als Kinofilme und Fernsehen. Wenn ich nicht nach ihnen handle, kosten sie mich nichts. Nehme ich meine Gedanken jedoch allzu ernst und handle nach ihnen, so können sie mich ganz schön viel kosten.

56

Ungewöhnliche Erlebnisse in der Meditation

Vor einigen Jahren, als ich in Italien eine Runde der Sitzpraxis anleitete, hatte ich ein ungewöhnliches Erlebnis. Ich hörte eine klare Stimme, die anfing, mir eine Geschichte zu erzählen: «Du warst ein Soldat in Vietnam. Du wurdest schwer verwundet. Als Folge deiner Verwundungen liegst du im Koma. Alles, was du gerade jetzt erlebst, ist unwirklich.» Dann fragte mich die Stimme: «Willst du aufwachen?», und ich dachte: «Ich weiß es nicht.» Ich zögerte. Ich dachte über mein Leben nach, wie ich es erlebte, und es gefiel mir, wie es sich entfaltete. Aber seit jenem Tag bedauere ich hin und wieder, dass ich nicht ja gesagt habe, um zu sehen, was als Nächstes passieren würde, wenn denn überhaupt etwas geschehen wäre.

Solche Dinge können in der Meditation passieren. Es ist wichtig, die Sitzpraxis nicht auf die leichte Schulter zu nehmen und in Verbindung mit einem/einer erfahrenen, authentischen Lehrer/Lehrerin zu stehen. Dadurch hat man eine vertraute Person zur Verfügung, mit der man über solche Erfahrungen sprechen kann, wenn so etwas auftritt. Und das wird es.

57

Handle sorgfältig, und du wirst nichts verfehlen

Ying Shaowu sagte zu Meister Zhenjing Wen: «Was immer übereilt zur Reife gebracht wird, wird zweifellos früh zerfallen. Was immer in Eile vollbracht ist, wird gewiss leicht zerstört. Was ohne Rücksicht auf Langfristigkeit getan und hastig vollendet ist, weist nicht auf einen tiefgreifenden und großen Charakter hin.
Nun, Himmel und Erde sind höchst wundersam, aber dennoch vollenden sie erst nach drei Jahren und zwei Schaltmonaten ihren Zyklus und erfüllen ihre Wandlung. Wie viel mehr gilt das für das Wunder des Großen Weges – wie könnte er leichthin gemeistert werden? Es ist unverzichtbar, Erfolg aufzubauen und Tugend anzusammeln. Deshalb wird gesagt: ‹Wenn du schnell sein willst, gelingt es dir nicht; handle sorgfältig, und du gehst nicht fehl.›
Eine bewundernswerte Leistung nimmt eine lange Zeit in Anspruch, was letztlich ein lebenslanges Erwägen einbezieht. Ein Weiser/eine Weise sagte: ‹Bewahre es mit Zuversicht, übe es mit Eifer, vervollkommne es mit Ergebenheit – dann wirst du, selbst wenn die Aufgabe groß ist, gewiss erfolgreich sein.›»

Master Zhenjing Wen, Zen Lessons

58

Woran wir authentische Lehrer*innen erkennen

Viele Menschen waren auf ein paar Meditations-Retreats, haben einige Bücher gelesen, und nun denken sie, dass sie auf einen Schlag über sämtliche Antworten verfügen. Und es gibt viele Menschen, die sich zu so jemandem hingezogen fühlen. Sie wünschen sich, dass ihnen gesagt wird, was sie tun sollen, oder dass sie tun dürfen, was immer sie wollen.

Ein/e authentische/r Lehrer*in befiehlt selten. Er oder sie weist die Schüler in eine Richtung. Er oder sie passt deine Körperhaltung an, ermutigt dich, pünktlich zu sein, erinnert dich an die Wichtigkeit des Schweigens, an das Sitzen, einfach um zu sitzen, an das Arbeiten, einfach um zu arbeiten. Sie oder er schlägt vor, dass es an der Zeit ist, den nächsten Schritt zu tun, wie zum Beispiel eine Ordination. Ein/e vertrauenswürdige/r Lehrer*in ist jemand, der oder die Übungen und Schritte empfiehlt, aber nicht versucht, dich zu kontrollieren, jemand, der oder die nicht behauptet, mehr zu wissen, als er oder sie weiß. Er oder sie ist jemand, der oder die in erster Linie als Vorbild da ist und der oder die die Schüler*in immer wieder auf den Pfad zurückweist, anstatt Aufmerksamkeit und Schmeichelei auf sich zu ziehen.

59

Die Welt teilt sich uns mit

Die Welt kommuniziert ständig mit uns. Doch wenn wir nur auf das hören, was wir hören wollen, dann verpassen wir viel von dem, was uns das Leben zu sagen hat, und von dem, was die Welt uns zeigt.

Vielleicht hast du jene leise, feine Stimme gehört, die dir sagte, dass es besser wäre, etwas nicht zu sagen, aber du hast nicht zugehört, und das Nicht-Hinhören führte zu mehr Leid. Das ist jedenfalls mir passiert. Diese leise, feine Stimme ist die Stimme des Bewusstseins. Unsere Angewohnheit, uns an unsere Vorstellungen und Erwartungen zu klammern, lässt uns über die Stimme des Bewusstseins und über das, was das Leben selbst uns mitteilt, hinweggehen. Es ist dieses Festhalten an vorgefassten Meinungen und selbstsüchtigen Wünschen, was uns in einem endlosen Kreislauf des Leidens gefangen hält.

60

Unseren Gefühlen begegnen

Die ersten Jahre der Meditationspraxis stellten für mich aufgrund einiger Gefühle, die in mir hochkamen, eine Herausforderung dar. Manchmal fühlte ich mich, als müsste ich explodieren.

Früher war ich unter der Kontrolle von intensiven Gefühlen, und ich reagierte darauf immer, indem ich versuchte, ihnen zu entkommen. Ich nahm Drogen, geriet in Schlägereien, fuhr zu schnell, gab zu viel Geld aus, ließ mich mit zu vielen Frauen ein. Das alles waren Versuche, starke, unangenehme Gefühle zu vermeiden. Als ich jedoch begann, Meditation zu praktizieren, lernte ich, wenn diese intensiven Gefühle hochkamen, einfach still zu sitzen und zu atmen. Mit der Zeit begann sich mein Verhältnis zu diesen Gefühlen zu verändern. Es dauerte eine Weile, aber ich begann, mit ihnen zu sitzen, ohne zu erwarten, dass die Gefühle verschwinden würden. In Wirklichkeit müssen sie für uns nicht verschwinden, damit wir Heilung und Frieden finden können.

61

Nicht-Wissen

Wenn wir in der Stille sitzen, so nehmen wir Kontakt auf zur Realität des Nicht-Wissens. Dies ist der Ort, an dem wir die Gelegenheit haben, unseren Widerstand loszulassen, wo wir die Möglichkeit haben aufzuhören, die Wahrheit dessen, was ist, zu bekämpfen. Die meisten von uns sind darauf konditioniert worden, das Nicht-Wissen zu fürchten, aber in der Zen-Lehre ist dies ein Kennzeichen des erwachten Geistes.

62

Sitzen ist jedes Mal anders

Jede Zeitspanne der Meditation verläuft für mich anders. Was unablässig erhalten bleibt, ist die Konzentration auf meinen Atem, und manchmal verwundert mich das ja. Dann denke ich: «Wozu soll es gut sein, seine Aufmerksamkeit einfach auf den Atem zu richten?»

Solche Gedanken kommen und gehen. Wenn wir Meditation praktizieren, gibt es keine richtige oder ideale Erfahrung. Es gibt lediglich das Gegenwärtigsein, wie es in einer aktiven Meditationspraxis auftreten kann. Es ist das Verlangen nach einem Ideal, das uns davon abhält, präsent zu sein. Wenn wir in Meditation sitzen, gibt es nur ein Beobachten und Bemerken, frei von Ablehnung und Festhalten. Da gibt es nur die Einsicht, dass es nichts zu erreichen und nichts zu gewinnen gibt. Bleibe einfach in Kontakt mit dem Atem und sei aufmerksam.

63

Ich bin verantwortlich

Durch die buddhistische Praxis habe ich verstehen gelernt, dass ich für mein Leben verantwortlich bin und dass jede Handlung eine Konsequenz hat. Was diese Konsequenz sein wird, kann ich jedoch nicht im Voraus wissen. Das Beste, worauf ich mein Leben ausrichten kann, liegt darin, mich von ganzem Herzen darauf zu konzentrieren, zur Realität des Lebens zu erwachen. Bereit zu sein, die Wahrheit der gegenseitigen Verbundenheit zu erfahren, zu erkennen, dass ich nicht von allem, was ist, getrennt bin, und mir der Ursachen und Bedingungen meines Lebens bewusst zu werden.

64

Unserer Aggression begegnen

Ich bin darauf konditioniert worden, auf Gefühle von Angst und Ohnmacht mit Aggression zu reagieren. Je nach Situation kann sich diese Aggression auf unterschiedliche Weise zeigen. In manchen Situationen kann die Aggression Schweigen sein, indem ich anderen meine Freundlichkeit oder Zuneigung vorenthalte. In anderen Situationen kann sich diese Aggression durch eine explosive Ladung wie Wut äußern, die sich in Form von Gewalt gegen mich selbst, Gewalt gegen andere oder Gewalt gegen unbelebte Gegenstände (Löcher in die Wand schlagen, Gegenstände werfen, Dinge zerbrechen) ausdrücken kann. Aber durch eine unerschütterliche innere Verpflichtung, anders zu leben, unterstützt durch eine disziplinierte spirituelle Praxis, die in Selbstreflexion wurzelt, habe ich entdeckt, dass ich in einer bewussteren Beziehung dazu leben kann, wie meine konditionierten Verhaltensweisen mein Leben geprägt haben.

Wenn wir wirklich anders leben wollen, so können wir das auch. Wenn wir wollen, dass die Welt sich ändert, geht es nicht an, das politische System verändern oder die soziale Ungerechtigkeit verbessern zu wollen. Dies ist wertvoll und wichtig, aber solange wir uns nicht endlich den Samen von Krieg und Gewalt in uns selbst stellen, wird sich nichts wirklich verändern. So werden wir dem Krieg und und dem Leid kein Ende setzen. Wir müssen damit aufhören, die endlosen Kriege auszutragen, die in uns drin toben.

65

Über unsere Ideen der Dinge hinausgehen

Spirituelle Praxis ist harte Arbeit. Aufwachen ist kein angenehmer Prozess. Wenn wir das Licht nach innen richten, bringt das unsere Verteidigungslinien zu Fall.

Dich selbst musst du betrachten wollen – nicht die Idee von dir selbst, sondern dein tatsächliches Selbst, deine gelebte Erfahrung. Du musst bereit sein, zu schauen und zu sehen. Du musst auch bereit sein, in der Realität des Nicht-Wissens zu sitzen.

Der Zweck einer disziplinierten Meditationspraxis liegt darin loszulassen – alle Ideen, Erwartungen und Anhaftungen loszulassen und einfach mit dem umzugehen, was sich dir im Moment zeigt. Auf diese Weise zu leben, bedeutet, die Realität des Lebens zu leben, im Unbekannten zu leben und dem Unbekannten zu erlauben, dein Lehrer zu werden.

66

Geburt und Tod geschehen ständig

Ein Verständnis von Leben und Tod liegt im Leben und Tod jeden Augenblicks. Laut Dogen Zenji, dem Begründer des japanischen Soto-Zen, sagte Shakyamuni Buddha, dass unser Leben im Zeitraum von 24 Stunden 6400099980 Mal geboren wird und stirbt, aufsteigt und verfällt. In einer Sekunde wird unser Leben also rund 70000 Mal geboren und stirbt. Mit dem bewussten Verstand können wir uns ein solches Geschehen nicht mal vorstellen. Was für eine Art von Leben ist dies?

Üblicherweise stellen wir uns das eigene Leben über einen Zeitraum von 50, 60 Jahren vor, allenfalls höchstens 100 Jahren. Dogen Zenji sagte, dass ein langes Leben ohne Bewusstsein fast ein Verbrechen sei. Andersherum betonte er, dass selbst wenn du einen Tag mit einem klaren Verständnis davon lebst, was das Leben ist, der Wert dieses einen Tages gleichwertig ist mit vielen, vielen Jahren eines Lebens ohne Bewusstsein.

Wir müssen unser Leben klar sehen. Die Existenz dieses Lebens in genau diesem Augenblick, was ist es? In diesem Moment 70000 geboren zu werden und zu sterben – was ist das?

Taizan Maezumi Roshi, Appreciate Your Life

67

Wenn ich Ungerechtigkeit in der Welt sehe

Wenn ich wahrnehme, wie in der Welt um mich herum Missbrauch, Vernachlässigung, Falschmeldungen oder offensichtliche Unwahrheiten endlos fortgesetzt werden, ist die Antwort nicht, die Verantwortlichen zu besänftigen oder die Ungerechtigkeiten zu entschuldigen oder zu akzeptieren. Gleichzeitig bin ich innerlich darauf verpflichtet, niemanden als Feind zu behandeln. Ich muss unter diesen Umständen damit fortfahren, ein Leben zu führen, das in einer disziplinierten spirituellen Praxis verwurzelt ist, und mich bemühen, mich selbst besser kennenzulernen. Dieser Prozess wird wachsen und mich in einen bedeutungsvolleren und beständigeren Kontakt mit der Realität bringen – der gegenseitig verbundenen Realität, von der ich ein Teil bin. Wenn ich in diesem Prozess geduldig bin, wird sich mir mit der Zeit enthüllen, welche Handlungen ich unternehmen sollte.

68

Die fünfte Richtlinie: Auf Rauschmittel verzichten

In unserer Überlieferungslinie lautet der Text der fünften Richtlinie: «So wie die Buddhas überall in Raum und Zeit einen Geist kultiviert haben, der klar sieht, gelobe ich, mich des Gebrauchs von Rauschmitteln zu enthalten sowie dessen, andere dazu zu ermutigen und sämtliche Erfahrungen unverstellt an mich heranzulassen.» Diese Richtlinie ermutigt uns, uns der Tendenz bewusst zu werden, sich von der Wahrheit der Existenz abzulenken.

Auf dem Pfad der Praxis, des Erwachens, ist es unerlässlich, auf den Konsum jeglicher stimmungsverändernder oder bewusstseinsverändernder Substanzen zu verzichten, seien sie legal oder illegal, einschließlich Alkohol, Marihuana und Nikotin. Sowie wir den Mut aufbringen, das Leben direkt erfahren zu wollen, wird uns diese Richtlinie dazu führen, die weniger offensichtlichen Rauschmittel zu entdecken, zu denen wir uns hingezogen fühlen: Arbeit, Essen, Koffein, Beziehungen, Einkaufen, selbst die Meditation kann dazu benutzt werden, um unsere gelebte Erfahrung zu vermeiden oder ihr zu entkommen. Jedes Mal, wenn ich meine, die Quelle meiner Erlösung oder meiner Erleichterung liege außerhalb meiner selbst, bin ich in Gefahr, in das Reich der Täuschung hinein verführt zu werden, was zu einer Abhängigkeit von Rauschmitteln führen kann.

69

Es gibt keine bösen Menschen

Es gibt keine von Natur aus bösen Menschen. Wir alle haben die Fähigkeit in uns, böse Handlungen zu begehen. Und wir geraten in Schieflage, wenn wir diese Wahrheit von uns weisen. Viele, die wie ich im Krieg gedient haben, haben die Wahrheit über unser Potenzial zum Bösen berührt. Dies ist der Grund, warum ich immer wieder versichere, dass Krieg lediglich der kollektive Ausdruck individuellen Leidens ist, dass die Wurzeln aller Kriege und alles Bösen persönlich sind und daher lösbar, vorausgesetzt wir sind als Einzelne bereit, uns mit den Wurzeln von Krieg, Gewalt und Leid, die wir in uns tragen, zu befassen.

Wir müssen aufwachen zum Potenzial, Böses zu tun, das in uns allen steckt. Wir müssen uns mit aller Kraft darum bemühen, diesen Aspekt unseres Selbst nicht abzulehnen oder in Abrede zu stellen, und dann alles dafür zu tun, uns von ihm nicht kontrollieren zu lassen. Dann und nur dann werden wir in der Lage sein, die natürliche Erfahrung zu machen, mit unserem Unfrieden in Frieden zu sein – nicht nur als oberflächliches, intellektuelles Verständnis von Frieden, sondern als wahrhafte Heilung und Wandlung.

70

Uns selbst beobachten

Jede einzelne Facette unseres Daseins bietet uns eine Möglichkeit zu üben, uns selbst uneingeschränkt kennenzulernen, die konditionierte Art und Weise zu erkennen, in der wir die Welt wahrnehmen und auf sie reagieren. Diese – unsere konditionierten Reaktionen – sind das, was wir «Selbst» nennen. Mit der Zeit, durch engagierte Praxis, sind wir besser in der Lage, dieses Selbst zu beobachten, herauszufinden, wie es funktioniert, und dann auf Möglichkeiten zu kommen, neue Entscheidungen zu treffen.

71

Über das Verlieben

In den meisten Fällen ist das, was wir «sich verlieben» nennen, eine Illusion, die aus unserem Wunsch entsteht, etwas Festes, Beständiges und Unveränderliches außerhalb von uns zu finden, an das wir uns klammern können. Oft ist es ein Verlangen nach jemandem, der oder die sich um uns kümmert und uns ein Gefühl von Sicherheit und Geborgenheit verleiht, oder es ist einfach nur ein Verlangen nach dem Nervenkitzel einer Jagd.

Wenn es um Beziehungen geht, gibt es auch den großen Drang, den Gesellschaftsvertrag zu erfüllen, den unausgesprochenen Druck von Normen der Gesellschaft: Ich sollte mich verlieben. Ich sollte nicht allein sein. Ich sollte eine Familie gründen. Wenn ich diesen Gesellschaftsvertrag nicht erfülle, dann stimmt etwas nicht mit mir. Ich genüge nicht und bin unzulänglich.

Die intimsten Beziehungen haben jedoch oft nicht allzu viel zu tun mit den konventionellen Vorstellungen von Liebe, Beziehung oder Sexualität. Was Liebe ist, kann ich nur entdecken, wenn ich zu der Wahrheit erwache, wie ich konditioniert worden bin. Und dann muss ich bereit sein, in einer anderen, bewussteren Beziehung zu alledem zu leben.

72

Leiden ist nicht unser Gegner

Die Gesellschaft lehrt uns, dass Leiden unser Gegner ist. Wir werden unaufhörlich dazu aufgefordert, das abzulehnen, was unangenehm, enttäuschend oder schwierig ist. Aber unser Leiden ist nicht unser Gegner. Nur durch eine bewusstere Beziehung zu meinem Schmerz und meiner Traurigkeit kann ich wahrhaftig wissen und die Gegenseite berühren: mein Vergnügen, meine Freude und mein Glücklichsein. Wir müssen unsere Haltung zum Leiden ändern und in unsere alltäglichen Erfahrungen und in die Welt eine Haltung der aktiven Gewaltlosigkeit hineintragen. Wir brauchen unser Leiden nicht zu bekämpfen oder es auszulöschen. Wir können unserem Leiden mit Offenheit, Ehrlichkeit und Gewaltlosigkeit begegnen.

73

Erwarte nichts

Meister Obaku, der Lehrer von Meister Rinzai, war bekannt dafür, dass er seine Schüler häufig ermahnte: «Erwartet nichts von den Drei Schätzen (dem Buddha, dem Dharma, der Sangha).» Immer wieder hörte man ihn dies sagen. Eines Tages wurde Meister Obaku jedoch dabei beobachtet, wie er sich verneigte, und bezüglich dieser Praxis wurde er zur Rede gestellt.

«Sie sagen Ihren Schülern immer, dass sie nichts von den Drei Schätzen erwarten sollen», sagte der Fragesteller, «und doch haben Sie sich soeben tief verbeugt.» Tatsächlich hatte Meister Obaku sich so oft und so lange verbeugt und dabei vollständige Niederwerfungen praktiziert, dass sich eine große Schwiele an der Stelle gebildet hatte, wo seine Stirn den harten Boden berührte.

Als er aufgefordert wurde, dies zu erklären, antwortete Meister Obaku: «Ich erwarte nichts. Ich verbeuge mich einfach.»

Taizan Maezumi Roshi, On Zen Practice

74

Nicht getrennt oder besonders

Ein Leben, das in spiritueller Praxis verwurzelt ist, setzt diese spirituelle Praxis nicht dafür ein, für sich ein Gefühl des Getrenntseins oder der Besonderheit zu erlangen. Sie oder er nutzt diese spirituelle Praxis nicht für Profit oder Gewinn. Eine authentische spirituelle Praxis wird nicht als Identität verwendet, und sie erhebt uns nicht über andere Menschen. Stattdessen führt uns die Praxis dazu zu erkennen, wie sehr wir mit anderen verbunden sind, mit der belebten wie der unbelebten Existenz. Eine disziplinierte spirituelle Praxis hilft uns zu sehen, was wir miteinander gemeinsam haben, wo wir verbunden und uns gleich sind.

75

Aktive Gewaltlosigkeit

Viele Menschen glauben weiterhin, unter bestimmten Umständen sollten wir töten, um weiteres Töten zu verhindern. Ich hoffe sehr, anderen dabei zu helfen, dass sie entdecken, was für ein furchtbar gefährliches Argument das ist. Gerade dieses Argument ist im Verlaufe der Geschichte dazu benutzt worden, um Präventivschläge zu rechtfertigen; um ein Atomwaffenarsenal aufrechtzuerhalten, das den Planeten um ein Vielfaches zerstören könnte; um die Todesstrafe aufrechtzuerhalten. Frei von jedem Zweifel weiß ich: Gewalt ist nie die Lösung für unsere Probleme als Menschheit. Die wahre Lösung liegt in der Ethik und im Wert der aktiven Gewaltlosigkeit.

Aktive Gewaltlosigkeit bedeutet, dass ich mir bewusst bin, in jeder gegebenen Situation die Fähigkeit zu haben, gewalttätig zu handeln, dass ich mich jedoch darauf verpflichte, nicht meiner Konditionierung zu erliegen, nicht meinem Gefühl der Hilflosigkeit, das mich immer wieder, entweder aktiv oder passiv, dazu bringt, die Anwendung von Gewalt als Lösung von Konflikten zu unterstützen. Aktive Gewaltlosigkeit bedeutet, sich inmitten von Konflikten und Konfrontationen starkzumachen für Wahrheit und Mitgefühl, frei von Aggression.

76

Die Ruhe der Meditationspraxis

Viele Menschen glauben, die Praxis von Meditation werde sie dabei unterstützen, ruhiger zu werden. In dieser Annahme liegt der Anfang eines Problems. Die Menschen neigen dazu, eine bestimmte Vorstellung davon zu haben, was es bedeutet, ruhig zu sein. Sie wollen gelassener werden, einen Zustand erreichen, durch den sie die Art und Weise, wie sie sich fühlen, überwinden oder einfach nicht mehr so viel fühlen. Erwachen hat nichts mit dieser Art von Gelassenheit zu tun. Gelassenheit kann ein Nebenprodukt einer aktiven, engagierten Meditationspraxis sein; diese Gelassenheit liegt jedoch jenseits unserer Idee davon – jenseits von jeder Vorstellung.

Mit einer disziplinierten und konsequenten Meditationspraxis lässt sich eine gesteigerte Stabilität und Stetigkeit entwickeln. Dies ist kein Zustand frei von Unruhe, vielmehr ist es ein Zustand, in dem wir inmitten starker Gefühle oder beunruhigender Erfahrungen in der Praxis verankert bleiben. Wir können lernen, uns nicht länger von unseren emotionalen Reaktionen mitreißen zu lassen. Mit Bestimmtheit und Entschlossenheit können wir entdecken, wie wir in Frieden mit dem Unfrieden leben können.

Wenn wir uns voll und ganz auf eine disziplinierte Praxis einlassen – verwurzelt im Bewusstsein des Atems und der Selbstreflexion, unterstützt von einem/r authentischen Lehrer*in und einer Gemeinschaft gleichgesinnter

Menschen – werden wir erwachen zur vollen Bandbreite der Gefühle. Mit der Zeit wird sich unsere Beziehung zu unseren Gefühlen und Impulsen verändern, und wir werden neue Wahlmöglichkeiten und neue Freiheit entdecken.

77

Gehmeditation

Die Meditation beim Gehen ist ähnlich wie die Meditation im Sitzen, mit dem Unterschied, dass wir nun unseren Atem mit unseren Schritten verbinden. Mit jedem Einatmen machen wir einen Schritt mit dem rechten Fuß, mit jedem Ausatmen machen wir einen Schritt mit dem linken Fuß. Wir gehen langsam und bedacht und lassen eine harmonische Beziehung zwischen unseren Schritten und unserem Atem entstehen.

Finde während der Gehmeditation eine bequeme Haltung für deine Hände, zum Beispiel vor oder hinter dem Körper verschränkt. Wenn du mit einer Gruppe praktizierst, so geht einer hinter dem anderen. Senke deinen Blick und lasse ihn vor dir ruhen. Sei dir deiner Füße beim Berühren des Bodens bewusst, und nimm mit jedem Schritt Kontakt zur Erde auf.

Wenn wir Gehmeditation machen, versuchen wir nicht, irgendwohin zu kommen oder etwas zu erreichen. Es gibt keinen Zielpunkt und keinen Zielort. Wir gehen einfach, um zu gehen. Wenn unsere Gedanken abschweifen, bringen wir unsere Aufmerksamkeit zurück zu unseren Schritten und unserem Atem.

Es kann hilfreich sein, die Gehmeditation in dein tägliches Leben einzubeziehen. Sie zum Beispiel jeden Tag auf dem Weg zur Arbeit oder zur Schule zu machen, kann helfen, den Geist zu beruhigen und einen erholsamen Übergang zu schaffen. Mache einfach langsamer, achte auf deinen Atem und deine Schritte. Du gehst im Hier und Jetzt. Besonders in Zeiten der Aufregung und der Sorge ist die Gehmeditation ein wunderbares Werkzeug, uns dabei zu helfen, zentriert zu bleiben und uns nicht von unseren Gedanken und Gefühlen hinwegtragen zu lassen.

78

Der Ungewissheit begegnen

Eine Wahrheit unserer Existenz ist, dass sie ungewiss ist. Indem wir uns dieser Tatsache verweigern und uns nach der Sicherheit eines festen Bezugspunktes sehnen, schaffen wir enorm viel Leid und Chaos.

Wir verzweifeln bei dem Bemühen, die Welt mit unseren Vorstellungen und Erwartungen in Einklang bringen zu wollen, nur um zu vermeiden, uns unwohl zu fühlen. Aber die Realität der Ungewissheit, des Nicht-Wissens, zeigt sich immer wieder. Wir fürchten die Anspannungen und Ängste, die dies in uns hervorruft. Wir wollen dies nicht fühlen. Die Praxis der Meditation – eine Praxis, die konsequent und hingebungsvoll ausgeführt wird – unterstützt uns dabei, uns jenen Gefühlen zu stellen, die als Reaktion auf die Ungewissheit des Lebens auftauchen. Mit der Zeit entwickelt sich in uns eine Akzeptanz für die grundlegende Ungewissheit unseres Lebens und für die Realität des Nicht-Wissens.

79

Zweifeln ist wichtig

Manchmal denken wir, Zweifel seien nicht gut, aber Zweifel sind wichtig. Es ist nötig, dass wir die Dinge hinterfragen. Selbst wenn du auf deine Fragen keine Antworten bekommst, ist alles, was du tun musst, einfach zu schwimmen. Hinterfragen findet immer in Echtzeit statt, es geht immer wieder auf null zurück.
So wird das Hinterfragen nach und nach fraglos.
DAININ KATAGIRI, EACH MOMENT IS THE UNIVERSE

80

Tiefes Zuhören

Enorm viel unseres Leidens wird ausagiert in der Art und Weise, wie wir miteinander kommunizieren und wie wir einander zuhören – oder eben nicht zuhören. Das Wichtigste beim tiefen Zuhören ist:

1. Sich bewusst zu sein, was ich fühle, während ich anderen beim Sprechen zuhöre.

2. Zu wissen, dass meine Gefühle meine eigenen sind und nicht notwendigerweise die des Sprechers/der Sprecherin.

3. Zu erkennen, dass es nicht meine Aufgabe ist, die andere Person in Ordnung zu bringen, sie zu trösten oder zu heilen.

4. Zu verstehen, dass der größte Teil der Kommunikation nonverbal abläuft.

Dieser Ansatz ermöglicht echtes Zuhören. In unserer Zen-Linie rezitieren wir regelmäßig eine Anrufung (Invokation) von Avalokiteshvara, dem Bodhisattva, der/die/das durch das Hören «der Klänge der Welt» erleuchtet wurde. Dieser Text unterstreicht den Wert und die Bedeutung des tiefen Zuhörens.

Wir rufen deinen Namen an, Avalokiteshvara. Wir haben die feste Absicht, deine Art des Zuhörens zu erlernen, um das Leiden in der Welt lindern zu helfen. Du weißt, wie man zuhört, um zu verstehen … Wir werden dasitzen und zuhören, ohne voreingenommen zu sein. Wir werden dasitzen und zuhören, ohne zu verurteilen oder zu beeinflussen … Wir werden dasitzen und so aufmerksam zuhören, dass wir wirklich wahrnehmen können, was die andere Person sagt und auch was ungesagt bleibt. Wir wissen, dass wir schon durch tiefes Zuhören sehr viel Schmerz und Leid bei dem anderen lindern können.

Zu lernen, auf die Weise zuzuhören, ist ein wesentlicher Aspekt beim Übertragen der Meditation vom Kissen in unser tägliches Leben. Wie bei allen Formen der Praxis ist dies ein fortlaufender, ergebnisoffener Prozess. Wir können damit beginnen, indem wir bemerken, was uns am tiefen Zuhören hindert. Verpasse ich, was gesagt wird, weil ich während des Zuhörens bereits plane, was ich sagen will? Denke ich darüber nach, wie ich die andere Person geradebiegen oder retten kann? Wenn ich merke, dass ich irgendetwas davon tue, kann ich innehalten und meine Aufmerksamkeit bewusst auf meinen Atem lenken – und einfach zuhören.

81

Unbeständigkeit

Das Leben ist fließend. Leid entsteht, wenn wir versuchen, diesem fließenden, nicht feststehenden Prozess, der das Leben ist, fixe Vorstellungen zu verpassen.

Alles – absolut alles –, was entsteht, wird vergehen. Bedenke das, und verschwende nicht einen einzigen kostbaren Moment, denn mit jedem Atemzug, den wir tun, sitzen wir an einer Klippe der Existenz. Wir müssen erfüllte und engagierte Leben führen, und zugleich dürfen wir uns nicht zu sehr daran klammern.

Jeden Abend rezitieren wir einen Vers, der uns an die essenzielle Unbeständigkeit erinnert:

Mit Respekt erinnere ich dich daran:
Leben und Tod sind von höchster Wichtigkeit.
Die Zeit vergeht wie im Fluge, und Gelegenheiten sind versäumt.
Jeder von uns muss sich um sein Erwachen bemühen.
Erwache! Sei aufmerksam! Verschwende nicht dieses Leben!

82

Von der Angst

Das einzige wirksame Gegenmittel zur Angst ist die Bereitschaft, sich der Praxis, die unser tägliches Leben ist, hinzugeben und ihr zu vertrauen. In dem Prozess kann es sein, dass das Leben nicht meinen Erwartungen entspricht, jedoch hat das, was ich früher als unerträglich empfunden habe, mit der Unterstützung meiner spirituellen Praxis und meiner Gemeinschaft ungleich weniger Einfluss auf mich. Ich bin mehr in der Lage, in sämtlichen Gegebenheiten, die das Leben mir bietet, präsent zu sein. Ich bin mehr in der Lage, sowohl mit meinen Erfolgen als auch mit den Umständen, die sich nicht so entwickeln, wie ich es gerne hätte, in einem Ausgleich zu leben. Verwurzelt in einer disziplinierten Praxis, kann ich mich dafür entscheiden, nicht gegen die Realität zu kämpfen. Ich kann lernen, in einer offeneren und akzeptierenden Beziehung mit der Realität zu leben. Die Wahl liegt bei mir.

Ein Schüler fragte mich: «Und was ist, wenn etwas Schlimmes geschieht?» Unser Empfinden dafür, was schlimm und tragisch ist, hängt von unserem Blickwinkel ab. Ja, es kann etwas passieren, das wir als schlimm empfinden. Wir erleben vielleicht einen großen Verlust. In solchen Momenten ist es unsere Übung, diese Gefühle vollständig zu fühlen. Unsere Übung besteht auch darin, nicht unserer Vorstellung von «schlimm» anzuhängen. Wir praktizieren einfach weiter angesichts dessen, was auch immer wir fühlen und was auch immer in unserem Leben geschieht.

83

Auf mein Leben aufpassen

Nicht um persönlich davon zu profitieren oder um berühmt zu werden, kümmern wir uns um die Dinge, widmen wir uns unserer Arbeit, lieben wir die
Menschen, denen wir begegnen, oder zeigen wir unsere Sorge für soziale Probleme. Wenn ich auf mein eigenes Leben aufpasse, passe ich auf die Welt als mein
eigenes Leben auf. Ich tue dies von Augenblick zu Augenblick, und in jeder Situation ermögliche ich der Blume meines Lebens zu erblühen.

Kosho Uchiyama, Opening the Hand of Thought

84

Unserem eigenen Gewaltpotenzial begegnen

Der Krieg versetzt Soldaten in die Lage zu töten, gewalttätig zu handeln, doch jeder trägt dieses Potenzial in sich.

Wir können so tun, als wären wir nicht gewalttätig, als wären wir nie fähig, das zu tun, was Soldaten tun – oder auch, was manche Bandenmitglieder tun, oder, was übermäßig aggressive Polizisten tun. Wann immer wir mit Gewalt konfrontiert sind, können wir als Einzelne und als Gesellschaft entsetzt reagieren und versuchen, uns davor zu verstecken, die Gewalt zu ignorieren oder sie als Problem jemand anderem zuzuschreiben. Aber es ist nötig, dass wir den gewalttätigen Teil von uns selbst berühren und erkennen, dass wir zu Gewalt fähig sind, falls wir uns in ähnlichen Umständen wiederfinden würden.

Wenn wir uns nicht die eigene Mitschuld an den vielen Kriegen eingestehen, die auf der ganzen Welt, in unseren Gemeinschaften und in unseren Familien gekämpft werden, werden wir weiterhin in dem niemals endenden Kreislauf von Krieg, Gewalt und Leid gefangen sein.

85

Da ist keine Sicherheit im Verschweigen

Wir denken vielleicht, dass es eine gewisse Sicherheit gibt, wenn wir schweigen und die Geschichte unseres Traumas für uns behalten. Doch im Verschweigen gibt es keine Sicherheit. Nie.

Wenn wir solche Geschichten für uns behalten oder wenn wir die wichtigsten Teile unserer Geschichten für uns behalten, bedeutet das nicht, dass Menschen nichts davon wissen oder dass diese verschwiegenen Anteile uns nicht beeinflussen. Wir haben die Fähigkeit, die Dunkelheit der Verleugnung zu durchdringen: die Dunkelheit unserer Gesellschaft und die eigene. Wir müssen sprechen und unsere Geschichten erzählen.

86

Gewahrsein bei jeder Handlung

Um im gegenwärtigen Moment zu leben und im Leben Frieden zu finden, müssen wir in allem, was wir tun, achtsam sein, in jeder Handlung, die wir ausführen: in der Art, wie wir eine Tür öffnen; in der Art, wie wir Teller ins Regal stellen; in der Art, wie wir unsere Arbeit tun; in der Art, wie wir mit einer anderen Person sprechen; in der Art, wie wir uns die Schuhe binden, einen Schritt tun, aufstehen, uns hinsetzen, uns die Zähne putzen, mit dem Auto fahren.

Das ist nicht immer einfach. Wie leicht lassen wir uns von Gedanken ablenken, von Bildern der Vergangenheit und der Zukunft, von Träumen, Hoffnungen, Bedauern. Es ist hier, an diesem Punkt, genau an diesem Punkt des einen Atems, im gegenwärtigen Moment, dass ich die Freiheit der Wahl habe, anders zu handeln, nicht einfach zu reagieren, wie ich es in der Vergangenheit so oft getan habe.

87

Mit nichts zum Lehrer/ zur Lehrerin

Ich ging mit nichts zu meinem Lehrer/meiner Lehrerin, und mit nichts ging ich weg. Da fragte jemand:
«Wozu machst du dir dann die Mühe, zum Lehrer/zur Lehrerin zu gehen?» Die Antwort war: «Wie sonst
sollte ich wissen, dass ich mit nichts kam und mit nichts wegging?»
ALBERT LOW, THE IRON COW OF ZEN

88

Vergessenwollen

Die längste Zeit meines Lebens habe ich in einem Zustand verbracht, in dem ich vergessen wollte, in dem ich fliehen wollte. Manchmal, wenn ich morgens aufwache, bin ich vom Leiden eingenommen; voller Angst, voller Zweifel, voller Scham. Aber jetzt, anstatt vergessen zu wollen, fühle ich diese Scham als eine Glocke der Achtsamkeit. Ich atme ein und atme aus, und ich bin dankbar, dass ich diese Emotionen berühren darf, dass ich eine andere Beziehung zu ihnen aufbauen darf, dass ich die Möglichkeit haben darf, andere Entscheidungen in meinem Leben zu treffen. Wenn ich im Vergessenwollen lebe, habe ich keine Möglichkeiten der Wahl. Dann entscheiden meine Konditionierungen für mich.

89

Zurück zum Atem

Es gibt viele Stimmen, sowohl in mir als auch in der Welt, die versuchen, mich davon abzulenken, zu den konditionierten Gegebenheiten aufzuwachen, die mein Leiden ausmachen.

Wenn ich den Klang der Glocke höre, der mich zur Aufmerksamkeit einlädt, und ich zu meinem Atem zurückkehre, werden diese Ablenkungen schwächer. Mein Atem beruhigt sie. Dann kann sich mein Leiden zeigen. Ich kann es berühren, kann ihm erlauben, in mein bewusstes Gewahrsein zu treten. Ich bin nicht mehr so stark versucht, mich vor dem Leiden zu verstecken oder im Leiden zu ertrinken.

Mit einer Verpflichtung, in einer anderen Beziehung mit meinem Leiden zu leben, bin ich eingeladen, es zu berühren, es zu umarmen, ohne es zu verurteilen. Meine Gedanken, Gefühle und Vorstellungen sind weder richtig noch falsch, weder gut oder schlecht. Sie sind einfach. Ohne Verurteilung gibt es in meinem Leben ungleich mehr Freiheit.

Wenn unser Leben in einer Meditationspraxis begründet ist, wird der Moment kommen, in dem wir nicht mehr von unserer Verzweiflung kontrolliert werden; in dem die Versuchung des Leidens uns nicht länger vor sich hertreibt. Dann wird jede Erfahrung zu einem Akt der Meditation. Das Leben wird klarer, fließender, einfacher.

90

Ich hätte lieber nicht getötet

Ich war Soldat im Vietnamkrieg. Ich hätte lieber nicht getötet, aber ich habe getötet. Das abzulehnen, bedeutet, mich selbst und die Realität meiner Handlungen abzulehnen. Durch die Meditationspraxis, durch das Leben im gegenwärtigen Moment, bin ich in der Lage, mein ganzes Selbst in mein Leben einzuladen, all die verschiedenen Teile von mir in ein Ganzes zu integrieren. Ja, ich bin der kleine Junge, der Baseball spielt, und ich bin der Soldat, der tötet. Ja, ich bin der Drogenabhängige, der Heroin konsumiert, und ich bin der Vater eines wunderbaren Jungen. Ich bin all diese Dinge, und von keinem von ihnen darf ich mich abwenden. Während ich all diese Elemente von mir in den gegenwärtigen Moment hinein willkommen heiße, bin ich in der Lage, vollständiger an meinem Leben teilzunehmen.

91

Unser Leben zieht Ringe

Unsere Leben sind wie Steine, die man in einen Teich wirft. Wenn der Stein ins Wasser fällt, breiten sich die Ringe nach außen hin aus und verändern den ganzen Teich. Genauso breitet sich unser Leiden aus und erfüllt den Teich, wenn wir im Vergessen und in Unachtsamkeit leben. Aber wenn wir mit einer unerschütterlichen inneren Verpflichtung zum Aufwachen leben, wird sich unsere Heilung stattdessen nach außen ausbreiten, und schließlich wird diese Haltung alles berühren.

Wenn ich die Lehre der gegenseitigen Verbundenheit anerkenne, kann ich an einen Ort des Verstehens gelangen, an einen Ort jenseits des Intellekts. Wo ich nicht von irgendetwas getrennt bin. Und hier werde ich entdecken, dass ich eine Auswirkung habe, dass meine Handlungen eine Wirkung auf die ganze Welt haben.

92

Anderen vertrauen

Früher dachte ich, Vertrauen sei ein Unterfangen von Alles-oder-Nichts. Entweder vertraue ich dir oder nicht. Wenn ich dir vertraute, war es nötig, dir alles zu erzählen. Und wenn du mir vertrautest, würdest du mir alles erzählen. Das war ein Missverständnis. Heute beginne ich mit einer vertrauensvollen Haltung, dann lasse ich mir Zeit, um die Grenzen des Vertrauens zwischen mir und einer anderen Person aufzudecken. Ich stelle fest, dass ich verschiedenen Menschen auf unterschiedliche Weise in Bezug auf verschiedene Dinge vertrauen kann. Es gibt nicht diese eine Person, der ich vollständig und mit allem vertraue. Ich habe auch festgestellt, dass in Beziehungen, die über längere Zeit gehen, das Vertrauen mehrmals gebrochen und wiederaufgebaut werden kann. Vertrauen ist ein organischer Prozess, der sich mit der Zeit natürlich entwickelt.

93

Wie den Krieg beenden?

Was ich gelernt habe zu verstehen, ist, dass ich keinen der vielen Kriege, die in der ganzen Welt geführt werden, direkt beenden kann. Aber wenn ich zu dem Krieg in mir aufwachen kann und wenn ich diese innere Gewalt heilen kann, dann kann ich dem Kämpfen ein Ende setzen. Das geschieht, wenn ich zur Natur meines Leidens, zu den Ursachen und Gegebenheiten meines Lebens aufwache und beginne, die Dinge anders zu tun.

94

Ins Leben eintauchen

Das Ziel der Zen-Praxis ist nicht, den Unannehmlichkeiten des Lebens aus dem Weg zu gehen oder sie zu überwinden. In der Zen-Praxis geht es darum, in das Geheimnis des täglichen Lebens einzutauchen, und zwar so, wie es ist. Aufwachen beinhaltet, mein Leiden zu berühren, es intim kennenzulernen, und auch meine Freude, meinen Humor und meine Liebe für andere zu berühren. Eine aktive Meditationspraxis, eine Praxis, die anerkennt, dass sämtliche Aktivitäten des täglichen Lebens Erweiterungen des stillen Sitzens sind, hilft mir, mit dem Versuch aufzuhören, mich durch Umtriebigkeit, Lärm und Geschäftigkeit abzulenken, so dass ich endlich in vollen Kontakt mit dem Leben treten kann.

95

Krieg ist nicht unabwendbar

Es ist meine feste Überzeugung und mein klares Verständnis, dass Konflikte zwar unvermeidbar sind, aber nicht eine Ausweitung von Konflikten in Gemetzel, Chaos und in die Preisgabe der Wahrheit. Krieg ist nicht ein unabwendbares Ergebnis der menschlichen Natur, sondern unseres nicht geheilten, unbearbeiteten Leidens, das uns dazu antreibt, in großangelegtem, industrialisiertem Stil zu töten. Töten auf dieser Ebene ist das Ergebnis einer angstbasierten Weltsicht, die uns dazu treibt, Sicherheit zu erstreben, indem wir die Unmöglichkeit versuchen, alles und jeden um uns herum kontrollieren zu wollen. Heilung und Transformation dieser tödlichen und immer enger werdenden Spirale sind möglich. Wir können anders leben. Krieg und Leid können transformiert werden. Es liegt an uns. Diejenigen von uns, die begonnen haben, zur wahren Natur der Gewalt, und zur wahren Natur des Friedens, zu erwachen, können durch die Struktur unseres Lebens zeigen, dass es eine Lösung gibt.

96

Allein, aber nicht isoliert

Ich kann mich auf dieser Reise sehr allein fühlen, weil es in der Tat jene Reise ist, die nur ich für mich unternehmen kann. Aber ich brauche diese Reise nicht isoliert für mich anzutreten. Unsere Geschichten zu erzählen, sie mit anderen zu teilen, kann zur Entstehung von Gemeinschaft führen, zu einer fürsorglichen Gemeinschaft, die entschlossen ist, das Leben anders zu leben. Diese Gemeinschaft von gleichgesinnten Menschen kann sich dann gegenseitig im Prozess des Aufwachens beistehen, helfen, unterstützen und ermutigen. Lasst uns einander unterstützen – in unserer Traurigkeit, in unseren Verlusten, in unserer Verzweiflung –, denn zwei können mehr tragen als einer allein. Wie du leidest, so leide ich; wie du heilst, so heile ich. Exakt durch diesen Prozess fangen wir an, Freude zu erleben, das Ergebnis des Aufwachens, und zu lernen, harmonisch mit dem ganzen Selbst zu sein.

97

Zur Schuld

Ich bin zur Einsicht gekommen, Schuld als ein nützliches Gefühl zu betrachten, und sie nicht zu verwechseln mit Scham. Das Gefühl der Schuld sagt mir, dass ich etwas getan habe, das vielleicht nicht in Ordnung ist. Scham sagt mir, dass ich grundlegend nicht in Ordnung bin. Ich bin ein Soldat, der im Krieg gekämpft hat. Ich habe Leben genommen. Indem ich mich dieser Realität mit der Zeit gestellt habe, habe ich gelernt, meine Schuld von meiner Scham zu trennen. Ich habe auch gelernt, dass, je mehr ich versuche, keinerlei Schuld zu fühlen, mich dieses Gefühl desto fester im Griff hält.

Für mich brauchte es Zeit und Anleitung, um meine Schuld von meiner Scham zu unterscheiden. Bezüglich dem, was ich im Krieg getan habe, gibt es nichts, was ich je tun könnte, um das, was geschehen ist, zu ändern. Aber ich kann lernen, jetzt anders zu leben. Ich kann Verantwortung übernehmen und mein Leben dem Aufwachen zum Krieg in mir widmen, und ich kann die Nachricht teilen, dass Gewalt niemals eine Lösung ist. Selbst wenn sie wie eine Lösung erscheint, führt Gewalt nur zu mehr Gewalt. Wut führt nur zu mehr Wut. Krieg führt nur zu noch mehr Krieg.

Ich empfinde Schuld dafür, dass ich meinen Sohn fünf Jahre lang verlassen hatte, als er ein Kind war. Aber es liegt an mir, diese Schuld zu bearbeiten. Ich muss aufpassen, dass ich mich durch meine Schuld nicht daran hindern lasse, heute im Leben meines Sohnes präsent zu sein. Ich kann meine Gefühle anerkennen, ohne dass sich Schuld oder Scham in eine Hürde verwandeln.

98

Stelle jegliches Gefühl von Überlegenheit in dir fest

Um die Arbeit des Friedens zu tun, um die spirituelle Wirklichkeit des Lebens zu leben, habe ich keine andere Wahl, als anzuerkennen, dass auf welcher Ebene auch immer – als Individuum, als Familie, als Gemeinschaft oder als Nation – Maßnahmen, die aus einer selbst empfundenen Haltung der Überlegenheit heraus beschlossen werden, ausbeuterisch, missbräuchlich und gefährlich sein werden. Ich muss mir also anschauen, wo diese Samen der Überlegenheit in meinem Leben sind, ich muss sehen, wie sie sich manifestieren, und mich innerlich tief verpflichten, mich nicht davon abzuwenden.

99

Ursache und Wirkung überwinden

Es gibt einen Geisteszustand, der Ursache und Wirkung übertrifft, einen Zustand, der anders ist als der, in dem wir versuchen, «das» zu erreichen, indem wir «dies» tun. Es ist ein samadhi (meditatives Gewahrsein), in dem jeder Moment vollständig dasteht, in seiner Gesamtheit. Jeder Moment ist vollkommen reflektiert.

Es ist wunderbar und notwendig, seine Energien auf solche Art und Weise ins Leben einzubringen, so dass man inmitten dieser begrenzten Welt die Samen heilsamer Handlungen pflanzt und schließlich auch deren Früchte erntet. Dennoch wirst du unweigerlich an ein Hindernis stoßen und Verzweiflung empfinden, wenn du ein Leben führst, das ausschließlich auf dem Gesetz von Ursache und Wirkung beruht – in der Erwartung zukünftiger oder unmittelbarer Ergebnisse.

Indem du dem, dem du gerade jetzt gegenüberstehst, in diesem Moment begegnest, völlig frei von Urteil oder Bewertung, kannst du alle Angelegenheiten von Ursache und Wirkung bei weitem überwinden.

Soko Morinaga, Novice to Master

100

Die Allgegenwart von Leiden

Ich habe auf Pilgerwanderungen sehr viel über mich selbst und über die menschliche Verfassung gelernt. Ich habe die Allgegenwart von Leiden miterlebt, habe gesehen, wie wir alle die gleichen wesentlichen Probleme teilen und die verheerenden und langanhaltenden Auswirkungen von Gewalt und Krieg. Was mich dazu bringt, meine Praxis fortzusetzen, ist ein sehr tiefes Gefühl der Verantwortung, keines der Leben, die in irgendeinem Krieg verloren gegangen sind, solle verschwendet sein. Diese Leben wurden geopfert, um uns zu helfen, die Sinnlosigkeit des Krieges zu erkennen. Krieg ist nicht etwas, das im Außen stattfindet. Meiner Ansicht und meiner Erfahrung nach ist er ein kollektiver Ausdruck von individuellem Leiden. Wenn wir wollen, dass der Krieg aufhört, so müssen wir aufwachen.

101

Die Übung des Abschiednehmens

Als ich Soldat in Vietnam war, gab ich es auf, etwas von anderen Soldaten in Erfahrung bringen zu wollen, das über das hinausging, was auf ihrem Namensschild zu lesen war.

Wenn du zu meiner Einheit kamst, wollte ich nicht allzu viel über dich wissen, denn du hättest morgen bereits sterben können. Es schien besser zu sein, einfach auf Distanz zu bleiben und sich nicht um andere kümmern oder etwas fühlen zu müssen.

Heute, wenn unsere Zen-Gemeinschaft zu Retreats zusammenkommt, achte ich besonders darauf, wie wir einander begrüßen und wie wir uns voneinander verabschieden. Ich betrachte diese beiden Übergangspunkte der Begegnung als Formen der Praxis. Zu Beginn eines Retreats begrüßen wir einander im Zendo, indem wir eine kurze Vorstellungsrunde machen. Am Ende des Retreats kommen wir wieder im Zendo zusammen für eine Abschiedsrunde. Dabei sind die Teilnehmer*innen eingeladen, ihre Namen erneut zu nennen und jene Gefühle und Überlegungen mitzuteilen, die sie als Teil des Abschieds für notwendig halten.

Wir gehen das Abschiednehmen mit Sorgfalt und Aufmerksamkeit an und achten auf die Gefühle, die hochkommen, wenn wir der Realität Rechnung tragen, dass wir uns womöglich nie mehr wiedersehen werden. Die meisten von uns sind so konditioniert, dass sie es vermeiden, sich auf bewusste Weise zu verabschieden. Wir vermeiden es, den Verlust unserer geteilten Gegenwart und die Ungewissheit über die Zukunft anzuerkennen.

Ich habe im Laufe der Jahre entdeckt, dass, wenn ich jemanden bewusst begrüße, eine innige Verbindung entsteht. Um diese innige Verbindung in mir lebendig zu halten, ist es wichtig, mich mit Aufmerksamkeit und Bewusstsein zu verabschieden. Wenn ich mich verabschiede, anerkenne ich ein bestimmtes Gefühl von Verlust, das betrauert werden will. Wenn ich diesen Verlust nicht anerkenne, werde ich irgendwann mit einem Verlust konfrontiert, der sich nicht vermeiden lässt, und diese Erfahrung wird dann ungleich viel herausfordernder sein, als sie sein müsste. Bei der Gelegenheit werden all jene vielen Verluste, die ich vermieden habe, und all der Kummer, der mit diesen Verlusten verbunden ist, an die Oberfläche drängen. Meine Übung besteht also darin, bei jedem Abschied aufmerksam zu sein, mir selbst erlaubend, von dem Kummer über diesen Verlust berührt zu werden – was mich wiederum für die Freude des Begrüßens empfänglicher macht.

102

Bewege dich jenseits des Denkens

Meine Erfahrung hat mir gezeigt, dass Aufwachen und Heilung keine Sache des Intellekts sind. Sie sind nicht etwas, das ich mit meinem Denken bewerkstelligen könnte. Es gibt dafür kein Buch zu lesen – auch nicht dieses. Ich muss mich ganz und gar dem Leben überlassen. Ich muss tief in mein Wesen blicken und zur Struktur erwachen, wie ich konditioniert wurde, die Welt zu betrachten. Ich muss in den eigenen Schmerz hineinschauen, so dass ich beginnen kann, die Natur meiner Erfahrung aufzudecken und zu erkunden.

103

Verletzlich werden

Es gibt keine Heilung ohne Verletzlichkeit. Wir müssen für die Realität unserer selbst offen sein und dürfen uns vor nichts verstecken. Der Weg, die Natur unseres Leidens zu entdecken, besteht darin, direkt ins Leben zu treten, uns selbst herauszufordern, mitfühlend zu sein, uns auf Schritt und Tritt echt ins Zeug zu legen und dazu bereit zu sein, Fehler zu machen. Dabei lernen wir etwas über das Leiden und über den Weg, der aus dem Leiden herausführt.

104

Verantwortung für unseren Schmerz übernehmen

Wenn wir leiden, laufen in der Regel jede Menge Projektionen in uns ab. Wir meinen, andere Menschen oder Dinge außerhalb von uns selbst seien die Ursachen für unser Leiden, oder sie könnten eine Quelle der Linderung sein. Unser Geist suggeriert uns, falls es gelinge, die wahrgenommene Quelle des Leidens zu beseitigen, würde das Leiden für immer verschwunden sein.

Im Krieg wird diese Denkweise gefördert, und sie offenbart sich in Gewalt. Haben wir diesen Weg einmal eingeschlagen, so verfangen wir uns darin. Die Gewalt kontrolliert uns, woraus ein Teufelskreis entsteht, der sich ungehindert fortsetzt, bis wir ihn unterbrechen. Das geschieht, sobald wir die Verantwortung für unseren Schmerz übernehmen – indem wir den Mut finden, ihn zu fühlen, in ihn hineinzugehen und ihn nicht einfach weiterzugeben. Wenn ich nicht tief in die Natur des Leidens blicke, geht der Krieg weiter.

105

Die Zazen-Person

Der Verdienst von Zazen [Sitzmeditation] erscheint in allen Aspekten des Lebens der Zazen-Person. Man sollte so leben, dass man Zazen als einen höchst ehrwürdigen Buddha verehrt, von Zazen bewacht und von Zazen geführt. Zazen ist nicht nur, wenn wir auf einem Zafu [Kissen] sitzen.
Für einen hingebungsvoll Praktizierenden sollte es keine Lücke zwischen der äußeren Erscheinung und der Realität geben. Doch die Vertreter einer Religion tun vor ihren Gläubigen oft so, als wären sie heilig. Schließlich entsteht eine Lücke zwischen der Wirklichkeit und der äußeren Erscheinung. Ich glaube, selbst wo auch nur eine kleine Lücke entsteht, kann man nicht die Verkörperung einer lebendigen Religion sein.
Dies ist besonders wichtig für eine Person, die Zazen als das Selbst praktiziert, das nur das Selbst ist. Zazen zu praktizieren, bedeutet, die Realität des Selbst zu praktizieren. Wenn die Realität und der äußere Anschein unterschiedlich sind, ist die Praxis der Person gar nicht gut. Wir sollten uns strikt an die Realität des Selbst halten.
Kosho Uchiyama, The Wholehearted Way

106

Frieden ist nicht die Abwesenheit von Konflikt

Obwohl mein Verständnis von Frieden kontinuierlich wächst und sich verändert, weiß ich, dass Frieden nicht die Abwesenheit von Konflikten ist; es ist die Abwesenheit von Gewalt im Konflikt. Konflikte zu lösen, erfordert, dass wir Aggression, Wut, die Energie der Gewalt berühren, aber dass wir vor diesen Qualitäten kapitulieren. Wir können und müssen lernen, in Unstimmigkeit miteinander zu sein. Konflikt wird es geben; es kommt darauf an, wie wir ihn angehen.

107

Du kannst das schaffen

Du kannst das schaffen. Du kannst dich deinem eigenen Kummer stellen, deinen eigenen Wunden. Du kannst aufhören, irgendein anderes Leben zu wollen, irgendeine andere Vergangenheit, irgendeine andere Realität. Du kannst aufhören, gegen die Wahrheit über dich selbst zu kämpfen, und dich, einatmend und ausatmend, öffnen für deine eigene Erfahrung. Du kannst einfach fühlen, was auch immer da ist, es erkunden, bis du auch die Befreiung entdeckst, die damit einhergeht, aufzuhören zu kämpfen und vollständig in deinem eigenen Leben präsent zu werden. Dies ist der wahre Weg zu Frieden und Freiheit. Indem wir dies für uns selbst tun, wird die ganze Welt davon profitieren.

108

Üben, üben, üben

Am Ende gibt es nur Üben. Alles ist Meditation, zu jeder Zeit. Selbst unsere Verwirrung, unsere Angst und unsere tiefe Traurigkeit sind lauter Punkte der Praxis. Wir verirren uns nur, solange wir irgendein bestimmtes Ergebnis anstreben oder denken, dass wir uns als Frucht der Meditationspraxis auf eine bestimmte Weise fühlen sollten. Wenn ich ein Leben führe, das in der Meditation gegründet ist, bin ich eingeladen, die Natur meines Leidens zu berühren und sie anzunehmen, ohne das Leiden zu verurteilen.

Wir können uns nicht in eine neue Lebensweise hineindenken, wir müssen in eine neue Denkweise hineinleben. Achtet auf alles, auf das kleinste Teilchen. Gerade wenn wir dem geringsten Teilchen Aufmerksamkeit zollen, entdecken wir den weiten Raum, die Fülle eines vollumfänglich gelebten Lebens.

Literaturverzeichnis

Cleary, Thomas (trans.). Zen Lessons: The Art of Leadership. Shambhala Publications, 2004.

Dogen, Eihei; Kosho Uchiyama (trans.); and Shohaku Okumura (trans.). The Wholehearted Way. Tuttle Publishing, 1997.

Easwaran, Eknath (trans.). The Dhammapada. Nilgiri Press, 2007.

Katagiri, Dainin. Each Moment Is the Universe: Zen and the Way of Being Time. Shambhala Publications, 2008.

Low, Albert. The Iron Cow of Zen. Tuttle Publishing, 1990.

Maezumi, Taizan; and Bernie Glassman. On Zen Practice: Body, Breath, and Mind. Wisdom Publications, 2002.

Maezumi, Taizan; and Wendy Egyoku Nakao. Appreciate Your Life: The Essence of Zen Practice. Shambhala Publications, 2002.

Morinaga, Soko; and Belenda Attaway Yamakawa (trans.). Novice to Master: An Ongoing Lesson in the Extent of My Own Stupidity. Wisdom Publications, 2002.

Pine, Red (trans.). The Zen Teaching of Bodhidharma. North Point Press, 1989.

Thomas, Claude Anshin. At Hell's Gate: A Soldier's Journey from War to Peace. Shambhala Publications, 2004.

Uchiyama, Kosho. Opening the Hand of Thought: Foundations of Zen Buddhist Practice. Wisdom Publications, 2004.

Die Kapitel in alphabetischer Folge

Aktive Gewaltlosigkeit	106
Allein, aber nicht isoliert	130
Anderen vertrauen	126
Arbeitsmeditation	39
Atembewusstsein in der Meditation	79
Auf mein Leben aufpassen	117
Aufhören, anderen die Schuld zu geben	54
Bewege dich jenseits des Denkens	138
Da ist kein anderer Ort zum Praktizieren	21
Da ist keine Sicherheit im Verschweigen	119
Das Leben ist die Meditationspraxis	82
Dein Leben ist eine einzigartige Gelegenheit	58
Den Lehrer/die Lehrerin idealisieren	77
Der Geist erschafft stets Gedanken	14
Der Geist in der Meditation	65
Der Ungewissheit begegnen	111
Die Allgegenwart von Leiden	135
Die dritte Richtlinie: Sexuelle Klarheit	68
Die erste Richtlinie: Töte nicht	29
Die fünfte Richtlinie: Auf Rauschmittel verzichten	99
Die Grenzen des Bewusstseins	74
Die größte Hürde	20
Die Illusion eines getrennten Selbst	17
Die Ruhe der Meditationspraxis	107
Die Übung des Abschiednehmens	136
Die Ursache des Leidens	53

Die vier wesentlichen Elemente des Zen 27
Die vierte Richtlinie: Lüge nicht 85
Die Welt teilt sich uns mit 90
Die Zazen-Person 141
Die zweite Richtlinie: Stehle nicht 61
Disziplin 48
Dogens Anweisungen für die Sitzmeditation 34
Du kannst das schaffen 143
Erwarte nichts 104
Es gibt keine bösen Menschen 100
Essensmeditation 56
Fälschlich beschuldigt 32
Frei von Absicht 59
Frieden ist nicht die Abwesenheit von Konflikt 142
Friedlich mit dem Unfrieden leben 16
Geburt und Tod geschehen ständig 97
Gehmeditation 109
Gewahrsein bei jeder Handlung 120
Handle sorgfältig, und du wirst nichts verfehlen 88
Ich bin verantwortlich 94
Ich hätte lieber nicht getötet 124
Ich muss bereit sein, mich unbehaglich zu fühlen 81
Ins Leben eintauchen 128
Kein Gewinn 86
Körperlicher Schmerz bei der Praxis des Sitzens 41
Krieg ist nicht unabwendbar 129
Lehne negative Wahrnehmungen nicht ab 78
Leiden ist nicht unser Gegner 103
Loslassen von Ergebnissen 55
Meditation ist eine Lebensweise 13
Meditation ist kein Medikament 40

Meditation ist nicht Stressabbau 68
Meine und deine Heilung sind nicht getrennt 22
Mit nichts zum Lehrer/zur Lehrerin 121
Nicht getrennt oder besonders 105
Nicht-Wissen 92
Praxis für jeden 47
Sanftmütige Entschlossenheit 31
Sich ein Gefühl des Staunens bewahren 26
Sich keinen Illusionen hingeben 70
Sich verneigen 43
Sitzen ist jedes Mal anders 93
So wie ich bin, wird die Welt 62
Stelle jegliches Gefühl von Überlegenheit in dir fest 133
Studiere das Selbst 64
Tiefer gehen als Vergnügen 25
Tiefes Zuhören 113
Üben, üben, üben 145
Über das Schweigen 18
Über das Verlieben 102
Über unsere Ideen der Dinge hinausgehen 96
Unbeständigkeit 115
Ungewöhnliche Erlebnisse in der Meditation 87
Uns selbst beobachten 101
Unser Konditioniertsein erkennen 72
Unser Leben zieht Ringe 125
Unserem eigenen Gewaltpotenzial begegnen 118
Unseren Gefühlen begegnen 91
Unserer Aggression begegnen 95
Ursache und Wirkung überwinden 134
Verantwortung für unseren Schmerz übernehmen 140
Verbindung aufnehmen zur Angst 52

Vergessenwollen 122
Verletzlich werden 139
Verneige dich, um die Wahrheit zu entdecken 73
Von der Angst 116
Wachsamkeit auf dem Pfad 38
Wahres Verneigen 67
Was ist liebevoll? 60
Was ist Zen? 50
Weggetragen von Gedanken 83
Wenn der Weg schwer wird 51
Wenn ich Ungerechtigkeit in der Welt sehe 98
Wenn Praxis «nichts bringt» 71
Wie den Krieg beenden? 127
Wie lange meditieren? 24
Wir brauchen die Unterstützung
einer Sangha und eines Lehrers oder einer Lehrerin 75
Wir sind nie fertig 36
Woran wir authentische Lehrer*innen erkennen 89
Zur Schuld 131
Zurück zum Atem 123
Zweifeln ist wichtig 112

Danksagungen

Ich bin besonders für das Engagement derjenigen dankbar, die mir während öffentlicher Vorträge und Retreats Fragen gestellt haben. Eure Fragen gaben den Anstoß zu den Lehren, die in diesem Buch vorgestellt werden. Besonderer Dank gilt auch den Mitgliedern der Zaltho-Zen-Gemeinschaft in Italien, Deutschland, Chile, Kolumbien und den Vereinigten Staaten für ihr Mitwirken.

Mein Dank geht auch an:

Martin Frischknecht für die Herausgabe dieses Buches und für seine deutschen Sprachkenntnisse. Ich schätze die vielen Jahre, in denen du meine Arbeit unterstützt hast. Ich schätze auch unsere langjährige Freundschaft.

Eden MyoShin Steinberg dafür, dass sie mich durch den Prozess des Sammelns, Organisierens und Editierens des Materials, aus dem dieses Buch besteht, geführt hat – und auch dafür, dass sie ungemein heiter ist und gutes vegetarisches Chili kocht.

Wiebke KenShin Beckmann-Andersen für ihre redaktionelle, übersetzerische und korrekturlesende Hilfe und für die Koordinierung diverser Elemente, um dieses Buchprojekt ins Leben zu rufen. Ich bin dankbar für die 25 Jahre, in denen sie mir in meinem Leben und bei meiner Arbeit assistiert hat.

Hilary Moreno für ihre wunderschöne Gestaltung des Buchumschlages und die Katzenpfotenabdrücke.

Dem Zaltho Sangha e.V. für die Erstellung der deutschen

Übersetzung der englischen Version und dem Vorstand und den Beratern für ihr anhaltendes Engagement und ihre Unterstützung für mich und die Zalthos Zen-Praxis, die über die Jahre gewachsen und gereift ist.

Über den Autor

Claude AnShin Thomas ist ein Zen-buddhistischer Mönch und der Autor des Buches *At Hell's Gate: A Soldier's Journey from War to Peace* (deutsche Fassung: *Am Tor zur Hölle: Der Weg eines Soldaten zum Zen-Mönch*). Im Alter von 17 Jahren meldete er sich zur US-Armee und diente im Vietnamkrieg als Kommandant eines Hubschraubers. Seit dieser Zeit hat er daran gearbeitet, die Wunden des Krieges zu heilen – emotional, mental und spirituell.

1994 in Auschwitz von Bernie Tetsugen Glassman ordiniert, ging er auf Pilgerwanderung von Auschwitz nach Vietnam, dabei unterwegs um bettelnd Almosen in der alten buddhistischen Tradition des Takuhatsu zu sammeln. Seitdem unternahm er mehrere weitere Pilgerwanderungen in den Vereinigten Staaten und in Europa.

Claude AnShin ist der leitende Lehrer im Magnolia Zen Zentrum in Mary Esther, Florida, und der Gründer der Zaltho Foundation, einer gemeinnützigen Organisation, die Meditation und Gewaltlosigkeit fördert. Claude AnShin unterrichtet häufig in den Vereinigten Staaten, Europa und Südamerika. Für weitere Informationen besuche www.zaltho.de (deutsch) www.zaltho.org (englisch) oder schreibe eine E-Mail an info@zaltho.org.

Auch erhältlich

Am Tor zur Hölle:
Der Weg eines Soldaten
zum Zen-Mönch
In diesen schonungslosen und bewegenden Memoiren beschreibt Thomas seinen Dienst in Vietnam, seinen anschließenden emotionalen Zusammenbruch und seinen bemerkenswerten Weg zur Heilung. «Jeder hat sein Vietnam», schreibt Thomas. «Jeder hat seine eigene Erfahrung von Gewalt, Unglück oder Trauma.» Dieses Buch bietet zeitlose Lehren, wie wir alle Heilung finden können, mit praktischen Anleitungen, wie Gewahrsein und Mitgefühl unser Leben verändern können.

Claude Anshin Thomas ist für mich eine Inspiration. Unsere Welt muss ihm dringend zuhören, wie er von seinem Leben im Krieg und dann im Frieden erzählt.
MAXINE HONG KINGSTON, AUTHOR OF THE WOMAN WARRIOR

Geschrieben mit unerbittlichem Mut und völligem Mitgefühl, ist dieser Bericht über Gewalt und Transformation eine der erstaunlichsten und wunderbarsten Geschichten, die ich je gelesen habe.
MICHAEL HERR, VIETNAM WAR CORRESPONDENT AND AUTHOR OF DISPATCHES

Bleibe in Kontakt mit der Zaltho Zen Gemeinschaft

Trag dich sich in unsere E-Mail-Liste ein
Erfahre mehr über Retreats und andere Veranstaltungen und erhalte die neuesten Nachrichten über die Arbeit von Claude AnShin Thomas und der Zaltho Foundation. Besuche www.zaltho.org (englisch) ww.zaltho.de (deutsch), um dich anzumelden.

Abonniere unseren Podcast
Der Share-Podcast (deutsch) und ZalthoLIVE-Podcast (englisch) präsentieren Dharma-Vorträge und Gespräche mit dem Zen-Mönch Claude AnShin Thomas, in denen er erforscht, wie die buddhistischen Lehren und die Meditationspraxis in allen Aspekten unseres Lebens zur Geltung gebracht werden können. Jetzt verfügbar auf Apple iTunes, Spotify, Stitcher, Google und auf www.zaltho.org.

Folge uns auf Facebook und Instagram
Folge der Facebook-Seite des Zaltho Sangha e.V. (deutsch) und den Facebook/Instagram-Seiten der Zaltho Foundation (englisch).